Cuando comer es un infierno

Espido Freire

Cuando comer es un infierno

Confesiones de una bulímica

Círculo de Lectores

A mis padres, con todo mi cariño y agradecimiento

«Es muy difícil jugar a ser princesa con un paño ensangrentado entre las piernas.»

Simone de Beauvoir, *El segundo sexo.*

Introducción

Tengo bulimia

Pienso en las mujeres de siglos pasados que ingerían vinagre para cultivar su palidez y sus ojeras, en las que se daban fricciones con mercurio, o las que se depilaban la mitad de la frente para alargar de manera interesante sus facciones y mostrar la delicada curva del cráneo. Pienso en las deformidades y dolores que causaban los corsés, en la falta de oxígeno y en la pesadez de arrastrar un miriñaque. Pienso en los pies vendados de las mujeres chinas, en los collares que alargan y descoyuntan el cuello y en los tatuajes rituales de algunas tribus africanas. Pienso en las grandes bellezas de la historia, y en cómo siempre existía algo que las convertía en mujeres peculiares, fuera su inteligencia, su ambición o su destino trágico. Pienso en las barbaridades cometidas en nombre de la belleza, la virginidad o el papel de la mujer, y ninguna me parece más extrema, más dolorosa y grave que la actual obsesión por la delgadez y la juventud.

Las consecuencias son terribles: operaciones estéticas, no siempre con los resultados esperados y nunca eternas, enfermedades mentales, trastornos alimenticios que alteran la vida normal de los pacientes y pueden conducir a la muerte, insatisfacción, infelicidad, expectativas no cumplidas. Un número inmenso de mujeres, y un sector creciente de hombres atrapados en una carrera contra el tiempo y contra el peso, una negación continua de lo que son, por constitución y hábito, y de lo que serán, por experiencia y capacidad de sobrevivir.

Pocas de estas circunstancias se condenan adecuadamente. Ninguna de ellas se impide de modo efectivo. No se cuenta con el apoyo decidido de los gobiernos, ni con enmiendas de las empresas implicadas. La insatisfacción genera consumo, la inseguridad ha sido una tara propia de mujeres, inculcada cuidadosamente en ellas por los hombres y las demandas de una sociedad inmovilista. La insatisfacción, y su hermana gemela el ansia de perfección, matan. Nadie alerta de ello.

Ni siquiera una plaga contemporánea, como son los trastornos alimenticios, ha despertado más que tibios procedimientos, reacciones insuficientes que no hubieran llegado a nada sin la constancia de las enfermas y de sus familiares: la regulación de las tallas, o la hospitalización forzada de las afectadas han sido, entre otras medidas, producto de esa lucha.

Se desconoce el origen de la anorexia y la bulimia. Después de años se ha llegado a la conclusión de que se trata de enfermedades causadas por una multitud de factores, y que el grupo de riesgo se compone de mujeres jóvenes. Se da, por lo tanto, una doble discriminación: no se presta demasiado interés real a las necesidades y preocupaciones de los adolescentes, aunque sí se les dedica mucha atención, y se dan demasiadas cosas por supuestas. Y las chicas, dentro de ese grupo, han sido históricamente consideradas como seres lindos y descerebrados, poco fiables y que se serenarán por sí mismas con el paso de los años. Se asumía que las niñas pasan por una etapa de llanto, recriminaciones, exigencias, insatisfacción con el propio cuerpo y oscilaciones hormonales. Y eso era todo.

Al menos la anorexia gozaba de cierta visibilidad: las chicas (continúo hablando en femenino, porque un noventa por ciento de las víctimas son mujeres) se negaban a comer hasta agonizar, convertidas en esqueletos de ojos obstinados, o sin llegar a esos extremos condicionaban la vida familiar hasta que resultaba insoportable.

La bulimia se nutre en el secreto, en la angustia callada, en una represión de emociones, en un crecimiento interno de la infelicidad y la vergüenza. En el exterior, nada ocurre: en muchos casos, la chica es sociable, alegre, responsable. No aumenta o disminuye de peso. La bulimia carcome de manera discreta, y lija el interior de las enfermas hasta dejarlas huecas. Ese hueco sólo puede llenarse con comida.

A los ojos de la sociedad en general no siempre resulta sencillo diferenciar entre bulimia y anorexia. Las dos son alteraciones de la conducta relacionadas con la comida, las dos afectan a mujeres jóvenes, las dos provocan pérdidas y modificaciones de peso. Para colmo, algunas de las enfermas, tras haber padecido anorexia, caen en la bulimia. Sin embargo, son dolencias que se originan de manera distinta, y necesitan también un tratamiento diferente y específico.

Por lo general, el inicio de la anorexia es anterior en edad al de la bulimia, que comienza, por media, tres o cuatro años más tarde. Mientras que las anoréxicas presentan un bajo peso, debido al escasísimo consumo de alimentos y a la dieta cada vez más restrictiva, entre las bulímicas puede darse una tremenda variación, que oscila de la delgadez casi anoréxica a la obesidad.

Las anoréxicas pueden darse atracones, o presentar conductas bulímicas, mientras que en las bulímicas, que ocasionalmente pueden ayunar, como las anoréxicas, los atracones son constantes. Los medios principales de controlar el peso en las anoréxicas son la restricción de alimentos y el excesivo ejercicio. En las bulímicas, se recurre a dietas, vómitos, laxantes, diuréticos y, en escasas ocasiones, ejercicio. Eso se debe a que la hiperactividad es frecuente en las anoréxicas, mientras que las bulímicas tienden a una mayor pasividad, y también a la necesidad de control que sienten las primeras; las bulímicas, debido a su enorme impulsividad, pocas veces encuentran la disciplina necesaria como para ceñirse a un programa de ejercicios.

Entre las anoréxicas se encuentran pocos antecedentes de obesidad: de haberla, era mínima. Entre las bulímicas es más frecuente. La mayoría de las anoréxicas sufren amenorrea, algo mucho menos común en las bulímicas. Los problemas asociados a las anoréxicas, una vez que la enfermedad ha remitido, son menos frecuentes y peligrosos que los de las bulímicas.

Lo que iguala ambos trastornos es que las consecuencias para la salud son muy graves, y en más ocasiones de las que se desearía, crónicas.

Actualmente se considera que la bulimia (y también la anorexia) se diagnostica según los criterios dados por la lista CIE 10, dictaminada por la Organización Mundial de la Salud, o por el DSM-IV (Manual de la Asociación Americana de Psiquiatría). Según se conoce más a fondo el trastorno, la descripción de la enfermedad mejora y se acerca más a la realidad. Ambas tablas coinciden en lo esencial.

CRITERIOS PARA EL DIAGNÓSTICO DE LA BULIMIA NERVIOSA (DSM-IV)

A) Episodios recurrentes de sobreingesta. Cada uno de ellos se caracteriza por:

1. Comer en un período discreto de tiempo una cantidad de comida superior a la que la mayor parte de la gente comería en un período de tiempo y circunstancias similares.

2. Sentimiento de falta de control sobre la ingesta durante ese episodio (no poder parar o no poder limitar la cantidad de alimento).

B) Conductas recurrentes inadecuadas para compensar y prevenir el aumento de peso, como vómitos autoinducidos, abuso de laxantes, diuréticos y otras medicaciones, ayuno o ejercicio excesivo.

C) Los episodios de sobreingesta y las conductas compensatorias inadecuadas ocurren, como media, dos veces a la semana durante tres meses.

D) La autoestima está excesivamente supeditada a la figura y el peso.

E) El trastorno no ocurre exclusivamente durante episodios de anorexia nerviosa.

Tipos:

– Purgativo: la persona se autoinduce el vómito, o ingiere un exceso de laxantes o diuréticos para prevenir el aumento de peso.

– No purgativo: la persona usa otras conductas compensatorias no purgativas, como el ayuno o el ejercicio excesivo, pero no se provoca el vómito ni abusa de laxantes y/o diuréticos.

En la actualidad, sin embargo, ya no basta con conocer los síntomas, y es insuficiente afirmar que las mujeres jóvenes están en peligro. La edad de incidencia de la bulimia ha descendido hasta los nueve años, y ha aumentado hasta los cincuenta. Sus manifestaciones son también diversas: puede aparecer en la adolescencia, o mucho después, a raíz de un acontecimiento determinado, o como gota que colma el vaso. Las chicas pueden pedir ayuda, o ser descubiertas con un problema ya cronificado. En algunos casos, los estudios y la vida afectiva o familiar quedarán destrozados, y en otros el problema se centrará básicamente en la forma de alimentación.

No existe una medicación infalible para esta dolencia. El tratamiento dura varios años, exige la colaboración de expertos en nutrición, médicos y psicólogos, la involucración de la enferma y la familia; y aun así, una parte significativa de las chicas no se recupera. Una vez que este trastorno alimenticio se ha manifestado en una familia, la vida cambia. Ha de cambiar. La enfermedad no puede enterrarse y olvidarse cuando se han dominado los impulsos de atracarse o vomitar. Exige un reaprendizaje, un esfuerzo conjunto, un nuevo planteamiento de vida. Y no siempre se poseen los medios, las fuerzas o el conocimiento como para hacerlo.

La prevención es por lo tanto el único medio efectivo para evitar la enfermedad. Todas las chicas que han hablado conmigo, todas las que han accedido a revelar su testimonio, han insistido en su ignorancia: no conocían la bulimia, no sabían de sus riesgos, no se dieron cuenta de que estaban enfermas. Si se les hubiera advertido, si se les hubiera arropado. Si pudieran cambiar un momento en su vida, ése hubiera sido el del comienzo de la enfermedad.

Como tantas otras mujeres, he vivido de manera cercana los trastornos alimenticios: como tantas otras, he sufrido la presión de la apariencia, la exigencia de ser hermosa y mantenerme delgada. Durante años no he comentado con nadie mis dificultades, ni he recibido confidencias de nadie que se reconociera enfermo. Hasta que terminé la universidad no conocí a nadie en quien pudiera reconocer una bulimia, y hasta hace unos meses, nadie me confesó que la sufría.

Cuando me planteé la redacción de esta obra, creí que resultaría sencillo encontrar testimonios directos. Me equivoqué: era relativamente fácil que las enfermas recuperadas hablaran, pero esperar que una bulímica aceptara su enfermedad y la gravedad de sus consecuencias estaba fuera de todo sentido.

Esta obra pretende ofrecer una visión realista y personal sobre la bulimia. Una visión dolorosa, a menudo desagradable, como lo son las de todas las enfermedades, de esta plaga que parece agravarse y generalizarse de año en año, que causa dolor, miedo, dolencias crónicas, y en más ocasiones de las que se cree, la muerte. El testimonio que vertebra el libro, la vida de Gloria, resulta tan prototípico de la enfermedad como podría serlo el de cualquier otra chica. Podría enmascarar a cualquier bulímica; y me consta que ha sido tan sincero como el que puede esperarse tras el sufrimiento de siete años y el esfuerzo por olvidarse de ellos.

Los testimonios de las otras enfermas fueron transcritos literalmente, o traducidos con ese mismo espíritu de fidelidad. Fueron elegidos por resultar los más representativos en sus respectivos casos, o por ofrecer un resquicio de esperanza a quienes se preocupan por estas dolencias.

Las citas que encabezan cada sección han sido extraídas en su totalidad de las páginas web pro anorexia, de las que me ocupo más adelante. Las anoréxicas las emplean como estímulo, como ánimos, como manera de darse fuerzas y continuar resistiendo el hambre, pero se encuentran también en la mente de las bulímicas; el ideal de perfección llega a sofisticarse de manera tan perversa que únicamente la delgadez extrema, cadavérica, puede satisfacerlas.

A veces las extraen de grupos musicales como King Adora, Smashing Pumpkins o Placebo, escritores como Kafka, de su cuento «El ayunador profesional», de libros que potencian la fuerza de voluntad, e incluso de la Biblia. La comida se convierte en el pecado, en la debilidad, potencia las cualidades que ellas odian y que rechazan como señal de fracaso. La delgadez, la belleza, la admiración y el triunfo caminan de la mano, y ellas se esfuerzan en seguirlas.

Al fin y al cabo, ¿quién, en esta sociedad, no desea ser hermosa?

GLORIA

Los antecedentes. Tengo un problema

Y la siguiente vez que te asalte el hambre, piensa:
La diferencia entre querer y necesitar es el autocontrol.
La mayor parte de las mujeres viven pasando hambre.
¿Por qué iba a ser yo diferente?
Es muy sencillo: cuando has decidido no volver a comer,
no es necesario tomar ninguna decisión más.
Para que te tengan en cuenta, debes ser alta y delgada;
y si no eres alta, lo menos que puedes hacer es mantener
tu peso por debajo de los cincuenta kilos.
No puedes pretender comértelo todo y seguir delgada.
Quiero ser la más guapa y la más delgada:
no siempre puedo ser la más guapa, pero sí la más delgada.
Soy todo lo que quiero ser, pero estoy enterrada
bajo una capa de grasa.
El hambre duele, pero ayunar funciona.

(Consignas extraídas de una web pro anorexia,
mayo de 2001)

Nací en julio, un mal mes. Durante años envidié a las niñas de invierno, las que organizaban cumpleaños con veinte y veinticinco invitados, con regalos repetidos y chocolate caliente para terminar la fiesta. No resulta común recordar los cumpleaños en verano, no es fácil reunir un grupo de amigas que no marchen de vacaciones, no es sencillo planear un menú con golosinas. Hay que olvidarse del chocolate y recurrir a la tarta helada, y lograr que las amiguitas no pasen esos días en el pueblo, que sus padres no decidan dedicar el fin de semana a la playa, que el calor no sea tan sofocante que no haya ganas de jugar, sino de tirarse bajo la sombra.

En mi colegio se acostumbraba a llevar caramelos el día del cumpleaños. Los nacidos durante el verano los repartíamos el último día de clase, de modo que el resto de los niños regresaban a casa con las notas y el bolsillo lleno de dulces, encantados por la inesperada abundancia. Un mes más tarde, cuando mi cumpleaños llegaba, los caramelos se habían derretido y las fechas se habían olvidado.

Me acostumbré desde entonces a repartir más de lo que recuperaría, a dar más regalos, a entregar más caramelos de los que yo recibiría, a asistir a cumpleaños multitudinarios y a encontrar un par de amigas y unos cuantos primos en los míos; a que esa situación fuera normal, a que yo tuviera que dar más de lo que recibía por el simple hecho de haber nacido en julio.

A veces me sentía triste, a veces lloraba porque nada me parecía suficiente: deseaba más amigas, más regalos, más fiesta, más globos, más atención. Luego recordaba a los niños africanos con sus tripas hinchadas, a las niñas gitanas que cuidaban de sus hermanitos y que yo veía los jueves en el mercado y no me permitía quejarme más. Muy pronto aprendí a no lloriquear, a no desear nada para mí, porque me pesaba la conciencia de ser una privilegiada. Demasiada gente hubiera envidiado lo que yo poseía: mis padres de niños, los hijos invisibles de los pobres, los hambrientos de todo el mundo. Planeaba la siguiente fiesta, imaginaba los siguientes juegos, y esperaba que algún día llegara el cumpleaños inolvidable.

Años más tarde esa situación cambió, por supuesto. A los quince años los caramelos carecen de importancia, y las fiestas se dividen entre sobrias y alcohólicas. Pero julio, un mes cruel con sus hijos, no cesó en sus exigencias: era preciso aparecer en la playa, en las verbenas, en las discotecas, con faldas cortas, y tirantes finos, y bikinis mínimos, y caderas estrechas, y clavículas bien marcadas.

Los placeres que hasta entonces habían sido inocentes se tiñeron de culpa: ya no era posible gozar de las piscinas, y bañarse, y salpicar. Había que cuidar de que el corte del traje de baño fuera favorecedor, que los músculos se perfilaran suavemente bajo una piel sin grasa. Comer se encontraba bajo sospecha; y cuanto más deliciosa fuera la comida, más se debía recelar. Bailar no tenía objetivo si se hacía sin pareja, y la apariencia de felicidad sustituyó al auténtico goce.

Desde que el verano amenazaba con los calores de mayo, el placer que antes sentía por la luz, los días más largos, las ropas ligeras y de colores, se convertía en preocupación. Como a todo el mundo le gustaba el verano, todo el mundo adoraba los fines de semana y las fiestas, yo sonreía, y mentía, y decía que también me gustaban, porque yo deseaba ser como todo el mundo.

Pero para eso aún faltaba que la niña nacida en julio saliera de la cuna, y aprendiera a ceder ante todas las normas sociales que le impondrían. Hasta entonces me aguardaban años de alegría y de correr por el puro placer de hacerlo, y de rechazar alimentos basándome en el gusto, y no en las calorías o en lo que debería o no comer.

Fui un bebé grande, gordito y sociable. A los pocos días de nacer, las enfermeras prohibieron a mi madre que me amamantara fuera del horario previsto para ello: a principios de los setenta aún se mantenía la idea de que a los niños les beneficiaba una disciplina en el sueño y la alimentación. Mientras se suponía que debía dormir, yo lloraba de hambre.

A veces, en los primeros momentos del sueño, antes de quedarme definitivamente dormida, recuerdo en la boca y en el esófago un sabor a lana, seco, invasivo, como si yo misma estuviera tejida en lana y fuera un muñeco diminuto. Luego me despierto con la boca seca, y una sensación de algo vivido hace mucho tiempo. Creo que, aún en el nido, chupaba las sábanas y la colcha para engañar el hambre.

Mi madre no quiso discutir con las enfermeras. Decidió por su cuenta que cuando regresáramos a casa yo comería lo que quisiera, y las reglas serían las suyas; pero la costumbre ya se había instaurado, y durante bastante tiempo rechacé el alimento. Vomitaba constantemente, y me negaba a comer. Los médicos diagnosticaron «estómago de calcetín»: mi estómago de uno o dos meses aún no había adoptado la forma definitiva, y era incapaz de aceptar la leche. Se asentaría, prometieron. No habría problema para cuando llegaran las comidas sólidas.

Sin embargo, ahí comenzaron realmente los problemas. Me negaba a abrir la boca, y mi madre empleaba horas en alimentarme. Cada cucharada se acompañaba de amenazas, ruegos, cuentos, libros abiertos y muñecos de peluche agitados. Cuando la papilla había desaparecido del plato, cuando la comida parecía al fin completada, yo, aparentemente sin esfuerzo, la vomitaba.

Quizás el hábito de vomitar, de liberarme de cualquier

peso en el estómago, de rechazar esa amenaza que llegaba a lomos de una cuchara no me abandonó nunca, ni en los momentos en los que aceptaba el biberón, y parecía más feliz. Aún es posible, en casa de mis padres, abrir un libro viejo y encontrar rastros de papilla. Me recuerdo, aún muy pequeña, en brazos de mi madre, que intentaba distraerme con las luces de los edificios lejanos, con el silbido del tren, con los árboles que se fundían con la oscuridad y la distancia. Recuerdo una tristeza inmensa, una desolación que aún no era capaz de expresar, y el plato con la comida, un poco dispersa, en montones informes, sobre la mesa: la obligación, la necesidad. Lo ineludible.

Mi madre perdió tranquilidad y salud en aquellos meses en que su vida giraba únicamente en torno a mi alimentación: la casa continuaba ensuciándose, la ropa se arrugaba, había que marchar a la compra y aprovechar los momentos libres para hacer la colada, o pasar el polvo, o pensar en los nuevos gastos del bebé. Y aparte de atender a todos los problemas, a su propia salud, que no era muy buena, y a mi padre, debía emplear dos horas en cada una de mis tomas: preparar la papilla, aparte de la comida normal, utilizar todas sus argucias para que yo la tomara. Aguardar a que yo no vomitara. Si lo hacía, cambiarme de ropa, y a veces cambiarse también ella, limpiar la mesa y parte de la cocina. Y si la papilla se había terminado, preparar más y comenzar de nuevo el proceso. Cuando me reñía, yo lloriqueaba un poquito. No debía de ser una bonita visión, un bebé de año y medio con papilla sobre el trajecito, los zapatos, el pelo rizado y la trona, haciendo pucheros e intentando comprobar que pese a rechazar la rica zanahoria triturada en el pasapuré, o la papilla enriquecida con dos galletas, mamá me quería y me cambiaría el jersey sucio y jugaría conmigo después.

Imagino su cansancio, y su malhumor, y su miedo a que me muriera de hambre. Durante aquellos años le impedí un momento para sentarse y descansar, y monopolicé sus horas libres. Sé que me adoraba, y que tuvo también momentos de alegría. Yo me negaba a dormir si ella no estaba a mi lado, y prefería quedarme despierta y verla trabajar por la casa si no podía descansar conmigo. Pero sé también que debió de resentirse de esa relación agotadora, como lo hice yo. Mis primeros recuerdos de mi madre están mezclados con el miedo a disgustarla, con la imposibilidad de levantarme de la mesa hasta que todo hubiera desaparecido, y con el gesto agotado, triste, en su rostro, una necesidad de mantener el orden a toda costa, de que la vida continuara de manera normal y lógica.

Decidieron llevarme al pediatra, aparentemente sin ningún problema grave: la niña no come, la normal preocupación de los padres. Los médicos se mostraban escépticos. Se me veía rellenita y alegre, una nena despierta y sociable, que aprendió a hablar pronto y con corrección, y que no presentaba, de ninguna manera, señales de malnutrición. Era necesario entrar en detalles, y descubrir la tortura que suponía mantenerme en mi peso. Más preocupado por el estado de mi madre que por el mío, el último médico que consultaron comprobó mis reflejos y mi analítica y les aconsejó que no me prestaran atención.

–No se enfade, no grite, no se inmute. No le enseñen juguetes ni le cambien de lugar al comer. Continúe dándole la comida si ha terminado ya de vomitar. Respire profundamente y limpie todo sin decir ni una palabra. Es una lucha de voluntades, y tiene que demostrar quién es el ganador.

Ganó mi madre. Al tercer día yo había renunciado a vomitar, y aunque con una lentitud desesperante, comía lo que me presentaban. No se repitieron las riñas ni las escenas. Todo aquello había durado tres años.

Durante mucho tiempo pensé que intentaba llamar la atención con mi actitud, que aquella manera de negarme a comer expresaba mi necesidad de cariños, de afecto, el momento en el que todos se volcaban a mi alrededor con libros de dibujos, y muñequitos, y paseos por la casa. Pensé que cuando me demostraron que esa actitud no despertaba nada más que indiferencia, la deseché. No debe de ser fácil para una niña tan pequeña mostrar una obstinación tan obcecada. Pese a mi odio por la comida, debía de sentir hambre de vez en cuando, debía de asustarme cuando veía a los mayores avergonzados o furiosos. Los beneficios que lograba de esa actitud debían de ser lo suficientemente grandes como para compensar todo eso. Me crié como hija única, y mi familia entera, mis vecinos, me mimaban y atendían. ¿Era mi necesidad de atención tan grande como para exigir aún más de la que recibía?

Creí que aquello demostraba un carácter egoísta y manipulador desde la cuna. Pasé años sin perdonarme la dictadura sobre mi familia y asqueada por haber dejado aquella impresión siendo un bebé: niña difícil, niña egoísta, imposible contentarla, pequeña sanguijuela de tiempo y atenciones.

–Qué tontos fuimos –decía a veces mi madre– dejándonos embaucar. Cuando veo en la publicidad de papillas a los niños que se abalanzan sobre las cucharas no puedo creer que sea verdad. ¡No puedo creérmelo! Nada puede ser tan sencillo.

Una psiquiatra a la que conté la historia frunció el ceño y me ofreció una visión distinta:

–¿Y si lo que exigías con esa actitud era que te dejaran en

paz? Al fin y al cabo, comenzaste a comer cuando los adultos se comportaron normalmente. ¿Y si en realidad no reaccionabas contra la comida, sino contra las tensiones que la rodeaban? Nunca estuviste en peligro, y cuando deseabas comer, comías.

No pude aceptar aquella explicación. Hubiera supuesto repartir la culpa entre los adultos y yo, y me había acostumbrado a aceptarla por entero, a considerarme una niña mala, una pequeña rebelde en manos de gente experta, de quienes sabían qué era lo mejor para mí, lo que necesitaba, cuándo y cómo. Incluso siendo una adulta no pude admitir que yo sabía a los dos años si tenía hambre o no, si me gustaba o no la zanahoria, si los mayores estaban tensos o no. Preferí no cuestionarme si los adultos tenían o no razón.

Hasta que llegué a la adolescencia, no hubo nada que pudiera presagiar un trastorno alimenticio. Aunque mis preferencias por la comida estaban muy definidas (me gustaban los alimentos dulces y los salados, las carnes, los pescados, pero nunca en grandes cantidades, rechazaba la verdura, el picante, todo lo amargo, parte de las frutas, las salsas y los alimentos nuevos), y comía con parsimonia, estaba sana y mostraba energía y buen humor.

No pensaba demasiado en la comida, ni en cómo conseguirla ni en cómo prepararla. A veces ayudaba en la cocina, adornaba pasteles y pasaba las croquetas por pan rallado; descubrí un par de recetas que probamos en casa, las migas a la zaragozana y las bolitas de patata, pero mi madre se encargaba de todo el proceso, desde la compra a la limpieza y utilización de sobras. No era amiga de chucherías, y me enorgullecía de mi templanza: mis primos comían pasteles sin medida, mientras yo saboreaba el mío. Devoraban los paquetes de patatas fritas, mientras que yo administraba las mías sin esfuerzo. Una vez me encapriché de un alimento, un bote de leche de almendras que mostraban en una farmacia, y mi madre accedió sin problemas, y lo consumimos sin ansias.

Jamás padecí un empacho, ni un corte de digestión, ni una alergia alimenticia. Jamás se me premió o castigó mediante la comida, no se me envió a la cama sin cenar, ni me obligaron a cenar las sobras que había dejado a mediodía. Era una niña de constitución normal y cara redonda, que no estaba flaca pero a la que de ninguna manera se podía llamar gorda. A mi alrededor no había razones para engordar: ningún familiar obeso, ninguna posibilidad de comer sola o de malas maneras, una dieta equilibrada, sabrosa y sana, y unos padres comedidos.

Sin embargo, en otros aspectos podían adivinarse rasgos de carácter propios de las pacientes bulímicas: extravertida, sociable y charlatana, ocultaba una melancolía profunda y una hipersensibilidad que en muchas ocasiones me hacía llorar a escondidas. Me identificaba con los personajes peor parados de las películas, y las víctimas de los libros. Durante años me negué a leer *El patito feo*, porque las burlas que recibía me hacían llorar. Me recordaban demasiado a las que yo recibía.

Pero lo cierto es que no era rechazada o ridiculizada en el colegio, y si me sentía amenazada respondía inmediatamente, a menudo de manera exagerada. Era rápida para abofetear si me insultaban, y más rápida aún para arrepentirme de ello y pedir perdón. Pero las críticas, por insignificantes que fueran, me resultaban insoportables. Se adherían a mí, y continuaban presentes durante meses. Un comentario sobre una goma del pelo me hacía cambiar inmediatamente de peinado, un sarcasmo de un profesor hacía que me ardieran las mejillas cada vez que volvía a mi mente. Comprendía al patito feo y lo odiaba, lo compadecía, y deseaba olvidarme de él. Al final llegaba la promesa de la belleza y el reconocimiento, pero yo no creía que eso calmara el dolor inmediato de las burlas.

Fueron quizá los cambios de residencia que sufrí en los primeros años de vida los que me dejaron el regusto amargo de no formar jamás parte de ningún grupo, de darme cuenta de lo que había perdido cuando ya no era posible recuperarlo, de temor a encariñarme con la gente pensando que esta vez sería la definitiva y sufrir luego la separación. Las mudanzas me conducían a barrios cada vez más exclusivos, con casas más amplias y parques cercanos, pero me introducían también en universos cada vez más distantes, a tratos personales fríos y a amigos temporales.

Sentía accesos místicos, leía vidas de mártires y sentía que no me hubiera importado inmolarme por una religión. Imaginaba qué se sentiría siendo sorda, o paralítica, o, sobre todo, ciega. Soñaba con amores imposibles, y con el sufrimiento de amar y no ser correspondida. Me fijaba en los héroes de las películas que morían, y cuando jugaba a ser Dalila, o Cleopatra, o Julieta, tenía muy presente que yo misma moría al final de la historia.

Mi madre había recuperado cierta calma al dedicarme menos tiempo, pero seguía sin encontrar un momento libre, y mi padre se ausentaba de casa largas temporadas, debido a su trabajo. Me sentía sola, pero nunca se me hubiera ocurrido jugar con los mayores: de ellos aprendía, o con ellos conversaba, pero no les buscaba como compañeros. Nunca me quejé de mi soledad, porque sabía cómo encontrar amigos si me lo proponía, pero prefería jugar por mí misma. Los niños de mi edad no jugaban como yo deseaba, o no eran capaces de seguir una trama mental, no se metían en un personaje, no habían aprendido a fingir o no conocían la película de la que les hablaba.

Sabía que no tenía auténticos compañeros, añoraba una amiga del alma, pero no quería mostrarme ansiosa: prefería disfrazarme en casa y jugar a ser Julieta, y saber que me atravesaría con una espada cuando perdiera a mi amado.

La muerte me ofrecía una fascinación continua: no había muerto nadie a mi alrededor, y yo creía que debía de ser algo glorioso, y que mi muerte sería recordada para siempre por todos. No la asociaba al dolor, ni a la pérdida, ni a la nada. Tampoco a la resurrección. Sabía que algún día me tocaría a mí morir, y esperaba que fuera de una manera digna, y por una razón inteligible: no entendía las muertes en un accidente de tráfico, a menos que se huyera de un enemigo, o tras una enfermedad, a no ser que sirviera para arrepentirse de los hechos pasados. No me asustaba la muerte en sí, sino una muerte absurda.

Me encontraba entre las mejores alumnas de la clase sin dedicarle demasiada atención ni esfuerzo. Poseía buena memoria y excelente capacidad para relacionar, y pronto me acostumbré a brillar sin haber estudiado. Nunca me fue necesario, y la idea de suspender me resultaba ajena y muy poco probable. Suspendían las personas tontas, o lentas, y yo no era ninguna de esas dos cosas. Que el resultado final fuera fruto de un esfuerzo ni siquiera pasaba por mi mente.

Aunque yo pensaba lo contrario, no poseía fuerza de voluntad, ni espíritu de sacrificio: pero en mi entorno pasaba por constante, porque era tozuda, por obediente, porque deseaba complacer, y por sufrida, porque no era mezquina con los demás, ni me escuchaban quejarme durante las enfermedades. Alababan mi ansia perfeccionista, y mi responsabilidad, sin saber que no tenían raíces profundas, sino que nacían de una desesperada necesidad de aprobación.

Vivía una vida fácil, sólo enturbiada por mi obsesión por las críticas y por no encontrar amigas con las que me llevara bien. La rutina se sucedía, me gustaba el colegio, y me preparaba en secreto para lo que yo creía que sería la vida real, la que esperaba en el instituto, una vida con faldas cortas y novios, y citas, y maquillaje y atenciones.

Cuando planeaba mi futuro a veces me olvidaba de los finales trágicos. Otras veces creía que lo mejor que podía hacer para terminar con mis lágrimas porque perdían los indios, porque no me compraban la Barbie, porque el amigo del héroe moría en el primer asalto, porque mi vecina se enfadaba conmigo, porque los leones mataban a las madres de las cebras chiquitinas, porque mi monitor de baloncesto me gritaba y no comprendía que era zurda, porque los cerdos se burlaban del patito feo, era acabar de una vez, cortarme las venas en agua caliente, como los romanos, y dormir durante mucho tiempo en paz.

No recuerdo haber pensado que estaba gorda, que necesitaba adelgazar, hasta bien entrados los catorce años. Había llegado al instituto, y la vida que soñaba distaba mucho de convertirse en realidad. Los chicos eran zafios y poco atractivos, y los que más me atraían rondaban a chicas con ropa bonita y un estudiado desprecio por los estudios. Aún no comprendía que los chicos prefieran a otras niñas por tener un cuerpo más esbelto, y pensaba que cambiarían de idea, que se fijarían en mí: que era cuestión de llamar su atención. O que el príncipe azul estaba por aparecer. Al fin y al cabo, había mucho tiempo por delante.

Aquella primavera hubieron de ensancharme un pantalón porque había engordado durante el invierno. Mi madre me miró, contrariada, y le echamos la culpa al arroz con leche, postre constante en los pasados meses. Ella, acostumbrada a que yo dejara la ropa atrás, tallas mayores, zapatos mayores, creía que aún podría crecer, y no comentó nada más. Yo tenía el convencimiento de que no crecería más, como así fue: tampoco mi cuerpo varió esencialmente. A los catorce años adquirió las formas y las medidas que fueron definitivas cuando al fin logré estabilizarme.

Por lo tanto, mientras mi madre creía que mi cuerpo tenía aún derecho a modificarse por sí mismo, que mi niñez aún continuaba, yo di por sentado que no variaría más sin ayudas exteriores. Que si deseaba algún cambio, era yo quien tendría que introducirlo. Pero aún no me preocupaba mi peso, cincuenta y cuatro kilos para un metro sesenta y cuatro, sino mi pecho, que yo consideraba demasiado abundante, y que llamaba la atención más de lo que a mí me hubiese gustado.

No podía entender a las chicas que lo deseaban. El pecho abultaba las blusas y los jerséis, rozaba contra las telas, impedía correr y saltar, y las otras medían con los ojos su avance. Los chicos no parecían prestarle la menor atención. En realidad, no parecían interesados en otras cosas que no fueran jugar al fútbol y despreciar a las mujeres. Mis esfuerzos por ocultar el pecho me produjeron escoliosis, complicada con una lordosis, y logré escabullirme del corsé corrector sólo a fuerza de una hora de ejercicio diario durante un año.

Terminé el curso como había comenzado, con expectativas sin cumplir, y en el bando de las perdedoras, las que no habían logrado novio, ni eran consideradas populares, las que no habían recibido más que indiferencia por parte de los chicos, las que debían aguardar un poco más, dormidas en la crisálida, peinándose y cultivando artimañas.

Y finalicé agosto con dos kilos de más. Los gané porque ya no estaba bien visto correr ni moverse demasiado, ni siquiera nadar. Las quinceañeras adquiríamos nuestros privilegios de jóvenes señoritas mediante la inactividad. Sólo las niñas jugaban: nosotras nos alineábamos en el borde de la piscina, en la pared de la discoteca, sin apenas cambiar el gesto, sin mostrar interés por nada de lo que nos rodeaba. Y engordé también porque me atraqué durante quince días de unas pastas de almendra, novedad en la pastelería. Todo el mundo las compraba, y no creí cometer ningún exceso.

Aquellos cincuenta y seis kilos me torturaban. Pensé que si no los perdía sería el hazmerreír de la clase en octubre. O, aún peor, que nadie me prestaría atención, como a otras chicas que sin estar gordas no tenían cintura, o no habían perdido la grasa infantil.

De modo que durante treinta días me alimenté sólo de lechuga, tomate, huevos cocidos y alguna loncha de jamón york. No recuerdo claramente aquel mes: únicamente que no encontré dificultades en casa, que me sentía débil y mareada, que estuve a punto de desmayarme en el pasillo en una ocasión, y que después del sacrificio obtuve la satisfacción de haber perdido seis kilos.

Jamás me había sentido tan eufórica, tan ligera y tan deseable. Flotaba dentro de mis ropas, y pronto hubo que estrechar pantalones y faldas, e incluso alguna camisa. Me sentía bonita, ansiosa de cambios, y me corté el pelo, me compré ropa nueva, y me dispuse a disfrutar de mi éxito. Ya nadie se reiría del patito feo. Llegaba la era del cisne.

Nada cambió. Las chicas repararon en mi nuevo cuerpo, y sentí su aprobación, y en algunos casos, su envidia. No me agradó. Nunca había buscado despertar animosidad y recelo en mis amigas, porque sabía lo vulnerables que eran aquellas relaciones. Ocultaba mi orgullo por mi aspecto, y creo que olvidé pronto que se había conseguido mediante el hambre y el sacrificio. No recuerdo haber mencionado en ningún momento una dieta. Me gustaba creer que se había debido al estadio final del crecimiento, un proceso natural, algo que se encontraba en mis genes y a lo que yo me sabía abocada desde que había nacido.

Las chicas consideradas guapas, las que mantenían figuras esbeltas y vestían a la moda, me aceptaron como a una igual, aunque nunca formé parte de su grupo. No me interesaban sus conversaciones ni sus aficiones, pero poseían el secreto que en aquel momento me obsesionaba: qué las convertía en deseables, en elegibles. Por qué atraían la atención de los chicos, por qué obtenían novios que despreciaban tan alegremente. Comentaban sus defectos en el grupo, y les ridiculizaban sin ensañarse, del mismo modo que hacían sus madres con los maridos: con la confianza que da poseer a una persona.

Me sentía avergonzada ante ellas, sin saber muy bien por qué. Sentía que eran superiores a mí en el modo de tratar a las personas, de agradarlas y manejarlas, pero al mismo tiempo sus métodos me repugnaban: no deseaba exhibir mi cuerpo, ni tampoco disimular mi inteligencia, mi decisión o mis conocimientos.

Entonces supe que las técnicas que aparentemente conseguían el entusiasmo entre la gente de mi edad suponían el rechazo de los mayores. Si deseaba que me consideraran linda y exitosa, había de renunciar a todo lo que mis padres me habían enseñado: la independencia, los estudios y una voz propia. Necesitaba fingir que era una criatura mimosa y dulce, sin voluntad, y al mismo tiempo manipular al hombre para lograr que mis deseos se cumplieran a través de él. Así me adoctrinaron las chicas de mi entorno, y yo lo di por cierto. Al fin y al cabo, lo importante ya no era ser guapa, sino ser la elegida: y ellas lo habían sido.

Durante los primeros meses del curso trabé amistad con una compañera de clase que había experimentado un cambio espectacular: en muy pocos meses había perdido veintiocho kilos. Se paseaba con su minifalda de ante verde y el nuevo novio de la mano, y no parecía dar importancia a su popularidad recién adquirida. De alguna manera, poseía la conciencia de habérselo merecido.

Hablábamos de dietas y de nuestros cuerpos en algunas ocasiones, durante las clases más aburridas, y ella insistía en que las dos estábamos igualmente delgadas. Con nuestros pesos y estaturas, la proporción debía de ser más o menos la misma, pero a mí no me lo parecía, porque el estar delgada incluía otro puñado de cosas: lograr más amigas, salir con un chico y ganar seguridad. Yo no había conseguido ninguna de ellas.

Además, admiraba su constancia. Imaginaba el trabajo y el sacrificio de despojarse de casi treinta kilos. Ella afirmaba que no había seguido ningún régimen: su metabolismo se había ajustado súbitamente, y aun comiendo lo mismo, había adelgazado. Comía su bocadillo en el descanso, como las demás, y yo la envidié, pensando que la naturaleza era, una vez más, caprichosa en sus dones y en sus castigos.

Desde que había adelgazado yo mantenía una semidieta: cenaba un yogur, o un poco de sopa, y fruta. Mi familia parecía satisfecha, y yo no insistía demasiado en la comida, aunque la alegría de pesar cincuenta kilos se había ido disipando: no me gustaban mis piernas, un poco regordetas, ni mi espalda, que aún se resentía de la escoliosis. Pero pensé que si era capaz de librarme de otros dos kilos, los problemas desaparecerían: mis muslos perderían volumen, y ya no escondería instintivamente el pecho hundiendo la espalda.

Desde hacía algunos años yo asistía a cursos de teatro: mi amor por las tramas terribles y los personajes apasionados no había disminuido, y me hubiera gustado convertirme en actriz; eso me hubiera demostrado que era hermosa, porque no conocía a ninguna actriz que no lo fuera, y me permitiría vestir trajes caros, y diferentes, y vivir existencias suficientes como para calmar el aburrimiento de la mía.

Aquel otoño me permitieron inscribirme en una academia que impartía cursos más serios. Me habían prometido que si en unos años deseaba continuar, me sería posible estudiar arte dramático, y buscar mi salida sobre un escenario. Acudí a las primeras clases con mucha ilusión, y bastante miedo, bien oculto bajo mi fachada habitual de serenidad y amabilidad.

Tras los cursos anteriores ya no era una novata, y los profesores decidieron inscribirme en un nivel superior al mío: la mayor parte de mis compañeros me llevaban varios años, y los de mi edad parecían esforzarse en aparentar un lustro más. Enseguida vi que ninguna de las chicas poseía talento, y que quizá dos de los chicos podrían ganarse la vida como actores; no lo comenté con nadie. Pensé que mis padres considerarían que perdía el tiempo, y que mis amigas me creerían orgullosa y despectiva.

Sin embargo, clase tras clase me alejaba más de mis compañeros. Yo procedía de un entorno en el que el trabajo era la prioridad más importante. Después venía la familia, y más tarde, la tranquilidad de una conciencia en paz. Los aspirantes a actores hacían gala de su independencia, vivían, a mis ojos, una existencia desgajada de todo lazo familiar, se quejaban y rechazaban las normas de los profesores, y se saltaban las clases para fumar y charlar.

Con mis ojos de quince años no era capaz de reconocer la rebelión adolescente que aún coleaba en ellos, ni la defensa de su individualidad frente a unas normas rígidas, ni la necesidad que ellos mismos sentían de crear vínculos. A mi juicio eran perezosos y no deseaban enmendarse, y para colmo, no se habían interesado por mí. Me toleraban en su grupo, y condescendían a hablar de su vida en mi presencia, pero ahí acababa todo.

Los temas de conversación eran las dietas y los productos de belleza entre las mujeres, el gimnasio y nuevamente la dieta entre los hombres. Una de las chicas juraba haber perdido tres kilos en dos días comiendo únicamente naranjas y hamburguesas. Aquella dieta permaneció en mi memoria por mucho tiempo, pese a que la chica no estaba especialmente delgada. Otras comparaban barras de labios y cremas hidratantes.

Yo prestaba especial atención a los tratamientos para la piel, porque mis padres no me permitían maquillarme. A escondidas me pintaba la raya del ojo, pero no me atrevía a llegar más allá, salvo en las obras que representábamos, en las que cargaba la mano todo lo posible. En la academia nos permitían usar unos cofres de maquillaje desplegables en tres niveles, con la forma de una mariposa, y si me hubieran preguntado qué era lo que más deseaba en el mundo, hubiera respondido que uno de aquellos estuches.

Llegó el mes de diciembre y no había nada que contar. El diario que escribía todos los días era una lista de actividades sin importancia, una entrada de los movimientos de los chicos que me gustaban. No escribía sobre mis sentimientos, ni sobre mis impresiones. Registraba lo que hacía, y en aquella vida ordenada, sobre aquella adolescente sensata y aburrida no había aparentemente nada que reseñar.

Poco antes de navidades mi tía preferida me invitó a pasar unos días con ella en un hotel de lujo. Había ganado una estancia, y me escogió como acompañante. Nos levantábamos con pereza, elegíamos el desayuno en el gran bufé, y después bajábamos a la piscina, o paseábamos, sin apenas charlar, cada cual en nuestra esfera.

Nunca me hubiera imaginado que existían tantos alimentos en el mundo: el bufé reservaba una mesa a los yogures y los quesos, otra a los cereales, otra a los embutidos y el salmón ahumado. Me acercaba a las frutas y admiraba el corte dentado de los kiwis, la perfección simétrica de las rodajas de piña. Me acostumbré a levantarme muy temprano, y durante los últimos días desayunaba sola en el inmenso salón. No comía grandes cantidades, pero deseaba probarlo todo. Aún conservaba algunas manías con la comida, no me gustaban los plátanos, ni el queso, ni las verduras, pero decidí hacer un esfuerzo y acostumbrarme a los nuevos sabores.

El resto del día lo dedicaba al ayuno. No me apetecía engordar, pero el desayuno me tentaba, y no quería resistirme. Luego me unía a mi tía en la sauna, o en la piscina.

Dos días antes de regresar a casa, me quedé en la habitación mientras mi tía salía a divertirse. Me probé su maquillaje y un par de sus faldas. Entonces, semidesnuda frente al espejo, me vi por primera vez: había adelgazado, las faldas se deslizaban flojas en mis caderas, y en el espejo una muchachita delgada y guapa me observaba con incredulidad. Tardé unos segundos en reconocerme, y me invadió una alegría salvaje, una carcajada interna que no llegué a liberar. Estúpidos chicos... ¿Dónde miraban? Yo era preciosa, tan frágil y tensa, y todo me parecía posible. Cuando regresara al instituto iban a descubrirlo.

Fue la única vez en mi vida en la que he disfrutado de esa

sensación. Paseé ante el espejo, me observé de frente y perfil y sonreí e hice muecas hasta que me cansé. Guardo ese momento como uno de los más felices de mi vida. Esa noche, en el jardín, bajo el balcón de mi habitación, observé cómo un hombre mayor y gordo pagaba a un jovencito para que le hiciera una felación. Escuché sus gruñidos de satisfacción, y el desprecio mal disimulado al despedirse. Permanecí inmóvil en la oscuridad, asqueada y decepcionada ante aquella brusca prueba de que el amor físico ocultaba muchas más dobleces de las que yo imaginaba. Los nervios me clavaban las uñas en el estómago, me atrincheré en el cuarto de baño y vomité. Cuando mi tía regresó mi respiración era normal, mi sonrisa templada y el inodoro blanco volvía a brillar con olor a pino.

Regresé a casa deprimida, decepcionada por no haber conocido a nadie durante aquellos días, y con cuarenta y ocho kilos de peso. Continuaba considerando que mis muslos no poseían el tono muscular debido, pero durante la estancia en el hotel me había cansado de pasar hambre, y no me parecía que el sacrificio se compensara con el resultado. Comenzaba a desconfiar de que un cuerpo bonito fuera todo lo que se necesitara para conseguir amigos. Sabía que era necesario acudir a los lugares en los que se fraguaban las conquistas y se conocía a gente nueva, y esos lugares eran las discotecas.

Mis padres, que no compartían mi entusiasmo por mis salidas de fin de semana, y las limitaban todo lo posible, pensaban que yo exageraba. Raras veces estaba sola. Conservaba a mis amigas del colegio, pero me parecían infantiles, demasiado serias, y cada vez encontraba menos temas de conversación con ellas. Tampoco había logrado intimar con las chicas de mi nueva clase. Y mis compañeros de la academia estaban, o fingían estar, a años luz en sofisticación y exigencia.

No sabía qué hacer. Me aburría tanto, me sentía tan sola y desgraciada que había llegado a aceptarlo como un estado natural. Era consciente de que las adolescentes sufrían por nimiedades, y que nadie les prestaba atención, de modo que no comentaba nada, porque no soportaba que se me tuviera por histérica, pero la frustración me resultaba inaguantable. Y, al mismo tiempo, sentía la certeza de que existían otras posibilidades de vida, de entretenimiento, de que se me escapaba algo, de que desperdiciaba mis días sin saber cómo cambiar esa rutina.

Sin darme cuenta de la rapidez con la que se impuso esa costumbre, comencé a vomitar: primero todos los jueves por la noche, después de la clase en la academia. Después, también los domingos, tras la comida familiar. Cuatro meses más tarde pesaba nuevamente cincuenta y cuatro kilos, y nadie parecía advertir que yo vomitaba después de cada comida.

La enfermedad. Tengo hambre

LOS DIEZ MANDAMIENTOS PARA ADELGAZAR

1. Si no estás delgada, no eres atractiva.
2. Estar delgada es más importante que estar sana.
3. Compra la ropa adecuada, córtate el pelo, toma laxantes, muérete de hambre, lo que sea para parecer más delgada.
4. No comerás sin sentirte culpable.
5. No comerás comida que engorde sin castigarte a posteriori.
6. Contarás las calorías y limitarás tus comidas de acuerdo con ellas.
7. Los designios de la báscula son los únicos importantes.
8. Perder peso es bueno. Engordar es malo.
9. Nunca se está lo suficientemente delgada.
10. Estar delgada y no comer demuestran la auténtica fuerza de voluntad y el nivel de éxito.

Estos diez mandamientos se resumen en dos: amarás tu báscula sobre todas las cosas, y a tus huesos como a ti misma.

(Encontrado en varias páginas web pro anorexia, primavera de 2000)

Durante siete años, el plazo de los hechizos y los maleficios en los cuentos de hadas, estuve enferma. No existía una causa aparente, y por mucho tiempo nadie lo supo: era una enfermedad invisible, y nadie la sospechaba en una chica de quince, diecisiete, veinte años, vital, con notas brillantes, una familia afectuosa y sensata y un aspecto físico normal.

Viví con un vampiro que prefería mis ideas a mi sangre. De pequeña me habían contado historias siniestras sobre parásitos intestinales, tenias o solitarias que engullían con voracidad cualquier alimento que los niños comiesen; y pese a todo, pese a las cantidades enormes de comida, los niños caminaban flacos y pálidos, desmedrados. Uno de los famosos artistas del hambre del siglo XIX había vivido con una de cinco metros en su interior. La leyenda decía que la diva Maria Callas, gordita y miope, se había tragado una tenia en una copa de champán, y que a los pocos meses había reaparecido, esbelta, airosa y elegante, aunque con la voz irremediablemente deteriorada.

En aquella época, a principios de los años noventa, si hubiera encontrado a mi alcance el modo de conseguir una tenia, hubiera imitado a la Callas. No me importaba mi familia, ni mi salud, y en los momentos más desesperados, ni siquiera mi vida. Hubiera sacrificado todo, sin dudarlo un momento, por pesar nuevamente cuarenta y ocho kilos. Por cuarenta y cinco, hubiera accedido a un pacto con el diablo. Mi alma a cambio de un método eficaz que me permitiera comer lo que deseara y no engordar, o, mejor aún, adelgazar.

Y lo que deseaba comer era la casita de chocolate de Hansel y Gretel: paredes de mazapán, tan dulce que insensibilizaba la lengua, ventanas de turrón y cristales de azúcar, puertas de caramelo (prefería el tofe, no aquellas pastillas de colores con sabor sintético) y un tejado de chocolate. Decoraría con todo cuidado el interior: almendras y nueces salteadas en los azulejos de láminas de chocolate con menta, una sauna con chocolate caliente, una nevera de helados de nueces de macadamia, y una habitación especial para las delicatessen saladas: paté, pan francés, patatas fritas y galletas de cóctel, panecillos preñados con chorizo y pizzas. Una casa que se regenerara cada mañana, en la que pudiera vivir protegida y feliz, lejos del mundo y sus problemas, comiendo eternamente y eternamente delgada.

Estuve enferma, muy enferma, y no lo supe hasta dos años después, cuando la enfermedad se había instalado firmemente en mi vida y regía cada uno de mis movimientos.

Gran parte de esa época se ha borrado de mi mente, creo que como una maniobra de defensa, de amnesia protectora. Meses enteros. El sufrimiento psíquico era enorme, pero me cuesta encontrar palabras con las que describirlo, términos con los que compararlo. Era dolor por sí mismo, sin causa aparente, día y noche, que se revelaba en actos que no podía evitar durante el día y pesadillas durante la noche, una tortura continua que no cesaba, comiera o no, vomitara o no, y que sólo cedía en los momentos de abandono, en los que mi voluntad se negaba a obedecerme y sentía que quien actuaba no era realmente yo. Que, por tanto, no era a mí a quien se debía culpar.

Una vez que se iniciaron los atracones, la recuperación de peso no resultó espectacular, y fue relativamente lenta, si tenemos en cuenta las cantidades de comida que comencé a ingerir. Primero recuperé los hábitos que había abandonado durante el medio año de dieta: no evitaba salsas ni aceite, y cortaba una gruesa rebanada de pan. Luego fueron dos. Tomaba un vaso de leche con la comida, desayunaba galletas con mantequilla. Intentaba elegir el trozo de carne más grande, o la porción más abundante, y repetía a menudo. Durante un par de meses eso me bastó. Las comidas de los domingos, más pausadas y calóricas, me dejaban con una terrible sensación de culpa. Rondaba entre la cocina y el salón veinte minutos, media hora. Ayudaba a lavar los platos, y picoteaba entre lo que había sobrado en las bandejas. Luego no lo soportaba más, y terminaba en el cuarto de baño.

En un principio mi estómago no admitía más comida por ese día. Yo intentaba engañarme con la idea de que había abusado de la ensaladilla, o la salsa, y que me había sentado mal: nunca me creí, porque jamás me había sentido indispuesta por una comida. Poco a poco, admití una cena casi tan copiosa como la comida principal. Por lo general, vomitaba de nuevo.

Los días entre semana no resultaban tan críticos; las chicas de mi grupo solíamos gastar un poco de dinero durante el descanso de las clases en chicles, en un bollo, en un paquete de patatas. Yo me resistía, porque no contaba con mucho dinero, y siempre me había preciado de ser sensata con mis ahorros. De mi asignación semanal guardaba la mitad, habían abierto una cuenta de ahorros a mi nombre, y fantaseaba con comprarme un piso siendo aún muy joven. Ese dinero se destinaba para fines serios, y no debía emplearse en caprichos como ropa, o discos, o mucho menos comida.

Pronto ese razonamiento no me sirvió. Compraba en el descanso algún tipo de alimento que no resultara caro, pero sí muy abundante y saciante. Era raro que antes o después de mi visita a la academia no comprara algún dulce, y aún más raro que regresara a casa sin golosinas en los bolsillos para la noche.

Semana tras semana observaba cómo mi cuerpo perdía su esbeltez, cómo los tobillos y las clavículas dejaban de destacarse con tanta nitidez y cómo mi piel volvía a rebelarse. El embrujamiento del cisne había durado muy poco tiempo, y bajo la tristeza por haber perdido esa ilusión de belleza se escondía un sentimiento de rabia que no era capaz de detectar. No me miraba al espejo, y si lo hacía, enderezaba los hombros y metía tripa para convencerme de que no estaba engordando.

Se acabaron mis interminables baños de espuma los viernes por la tarde: no soportaba la visión de mi cuerpo desnudo bajo el agua, el roce de los muslos, el frío al abandonar la bañera. Dejé de ir de compras, y evité los escaparates, las ventanas, las bandejas, cualquier superficie que pudiera reflejar mi rostro o mi cuerpo. Odiaba cambiarme de ropa al salir de casa o al llegar a ella, e incluso vestirme el pijama me suponía un esfuerzo. Descuidé mis ejercicios, pero el traumatólogo dio mi espalda por recuperada, de modo que lo tomé como una excusa para evitar moverme.

Mi objetivo sentimental era entonces uno de los chicos más populares del instituto, al que nunca llegué a conocer. Él había elegido, como cabía esperar, una novia esbelta y muy guapa, y no mostró nunca el menor interés por mí. El capricho por un muchacho del que no sabía nada salvo que su apariencia física era la correcta se convirtió en obsesión y borró el resto de mis preocupaciones. Ya no dedicaba ni un pensamiento a mis antiguas amigas del colegio, que continuaban fieles a sus principios de seriedad y estudios y cada vez encajaban menos en el panorama al que yo me aproximaba. Ellas se enfrentaban a sus sentimientos de rechazo estudiando cada vez más y trabando alianzas profundas en el interior del grupo: yo deseaba ampliarlo, que entraran aires y tendencias nuevas, y de vez en cuando manteníamos discusiones.

Ante la perspectiva de quedarme aislada o de discutir con mi grupo cada sábado, las salidas perdieron su atractivo. Mi única satisfacción era ver al chico deseado, y sentarme en el parque con mis amigas mientras comía chucherías. Nunca hablábamos de nada importante. Intentábamos tomar resoluciones para la semana, y sobre todo nos quejábamos de los profesores y las asignaturas. Yo miraba a mi alrededor y veía que en el parque únicamente las niñas de once y doce años seguían un comportamiento similar, y me sentía humillada y cada vez más limitada. Nunca mantuvimos ninguna conversación típica de adolescentes, nunca frivolizamos. Sólo con una de ellas yo me sentía cercana a lo que creía que era la normalidad.

Sin duda mis problemas se hubieran resuelto si hubiera sido capaz de identificarme con las teorías de mis padres sobre lo que realmente era importante y lo que no, y con el comportamiento de mis antiguas amigas: como ellas, hubiera rechazado los valores de la superficialidad y la apariencia, y no hubiera centrado mi preocupación en el adelgazamiento. Pero no pude: yo escuchaba los comentarios del resto del instituto sobre ellas, y enrojecía sólo de pensar que pudieran considerarme rancia y sosa, inflexible y fea. Mis padres intentaban potenciar la seguridad en mí misma, pero no existían bases para ella, y lo único que lograba comprender era que me equivocaba, me equivocaba de todas las maneras y era rechazada más o menos evidentemente por todos los grupos.

Nada podía consolarme, y todo parecía fuera de control. Mi ropa, antes siempre tan cuidada, se arrugaba durante días sobre la silla. No me preocupaba por mantener el orden en mi cuarto, o en mis cajones. Ducharme o lavarme la cabeza requerían un notable esfuerzo, y habían perdido toda su carga placentera. Durante esa temporada se me secaron las lágrimas. A cambio, un constante dolor en el pecho punzaba de vez en cuando y me dejaba sin respiración. Corría de un lado a otro, con la vitalidad que siempre me había caracterizado, e intentaba cumplir con mis obligaciones, pero al regresar a casa me encontraba agotada y débil, como si hubiera debido enfrentarme en una lucha con ese día y me hubiera derrotado.

Mi diario no cambió demasiado. No expresaba ninguno de mis sentimientos, la derrota, la tristeza, el abandono, nada salvo un profundo desprecio hacia mi descontrol con la comida y continuos propósitos de enmienda. Observaba mi aumento de peso como si le ocurriera a otro, y me dirigía insultos que jamás me hubiera atrevido a expresar en alto. Me imponía dietas y propósitos absurdos, ayunos que rompía al primer día o que no llegaban a la hora del descanso. Parecía que cualquier cosa que iniciara estuviera encaminada al fracaso.

Mientras estaba a dieta había comprado un par de revistas de salud y belleza que incluían una lista de calorías y que orientaban sobre cómo crear una ingesta equilibrada. Dediqué mis esfuerzos a componer dietas hipocalóricas, basadas en verduras y carne a la plancha, sin tener en cuenta mis necesidades vitamínicas o minerales, sino únicamente mi peso y mi estatura. Memoricé listas interminables de alimentos con sus respectivas calorías, y cómo variaban éstas si las frutas estaban verdes o maduras, si la carne se había preparado a la plancha o frita. No hubo un solo libro sobre el tema en la biblioteca o en librerías que yo no leyera y memorizara:

los resumía y guardaba los esquemas, y me juraba regir mi vida según sus leyes.

Sobre la mesa no apreciaba la comida, su preparación o contenido, si me haría bien o no. Lo único que veía eran cantidades. Quise iniciar otra dieta, y mi madre, que había presenciado todo el proceso sin decir nada, y veía lo disgustada que yo estaba con mi nuevo aspecto, me animó y quiso ayudarme. Le pedí que comprara productos desnatados y *light*, y, con la excusa de que a todos nos vendría bien mantener el peso, ella accedió sin el menor reparo. ¿Por qué debía sospechar nada? Al fin y al cabo, yo siempre había mostrado sensatez y madurez con mis propósitos, y voluntad para llevarlos a cabo.

Aquél fue el primero de mis innumerables fracasos. Con ninguna de las dietas, dietas creadas por mí, dietas copiadas, extraídas de revistas, confiadas por las amigas, recuperadas de la memoria, con ninguna logré bajar de peso, y con la mayor parte de ellas engordé. Como es fácil imaginar, no seguía realmente las instrucciones. Era capaz de comer una ensalada con zanahorias y tomate a las dos, para luego, a las cuatro y media, devorar medio paquete de galletas de desayuno, y a las seis, dos tabletas de chocolate, y a la hora de cenar, atiborrada, la pechuga a la plancha que mi madre había preparado con todo cuidado de no excederse con el aceite, y, como si nada hubiera pasado, fingir hambre y apetito.

Necesitaba comer, sentir las texturas en la boca, notar cómo se deslizaban por la garganta, cómo mi estómago se aplacaba poco a poco. Por entonces yo no era aún capaz de reconocer la angustia, y la confundía con hambre. Hambre, hambre, hambre, hambre canina, hambre todopoderosa y urgente.

Cuando aún no había comenzado con los atracones pero ya había convertido vomitar en un hábito intenté un sistema distinto: me encerré en el cuarto de baño con unas rebanadas de pan con mantequilla y chocolate y las mastiqué hasta convertirlas en papilla. Antes de tragar esa pasta la escupía al inodoro. Me pareció un sistema fantástico, que me permitía disfrutar del sabor de los dulces sin sufrir sus inconvenientes, pero sólo lo practiqué en aquella ocasión. Masticar no me producía satisfacción, únicamente me ayudaba a liberar cierta tensión, como cuando comía pipas y otros alimentos crujientes que me dejaban la mandíbula dolorida y la lengua hinchada. Necesitaba tragar, apropiarme de la comida y convertirla en mía. La odiaba. Como a mí misma.

Intenté urdir alguna estrategia más para evitar el vómito, pero ninguna de ellas funcionó. Vomitar me resultaba vergonzoso, pero no me parecía malo en sí; estaba acostumbrada a escuchar las historias de mi rechazo a comer de bebé, y hasta hacía muy poco tiempo me mareaba y devolvía cada vez que me subía en un coche. No se me ocurrió que podía causarme ningún tipo de daño físico, tan acostumbrada estaba a que formara parte de mi niñez. Sabía que existían ácidos en el estómago, y si me demoraba demasiado en vomitar sentía el sabor amargo en la boca, pero no se me ocurrió pensar en sus cualidades corrosivas.

Además, no necesitaba hacer ningún esfuerzo para vomitar, sino que me bastaba una contracción brusca de los músculos que rodeaban el estómago, de modo que no sentía dolor ni tensión. El esófago se convirtió en un camino de ida y vuelta. Mi rostro no se congestionaba, ni se alteraba el tono de mi voz. Vomitaba con la misma facilidad y desesperación con la que engullía.

Si la comida había sido demasiado seca, bebía un vaso de agua para facilitar el proceso. Vomitaba en silencio, sin permitirme arcadas, porque a veces temía que me oyeran mis padres, y otras me encontraba en un baño público, sin techos y con un considerable hueco bajo la puerta, por lo que me era necesario conducirme con más cuidado. Aprovechaba el ruido de la cisterna, o de los grifos, y me aseguraba de estar sola en el momento de vomitar. Aprendí a fingir que nada pasaba, colocando los pies de modo que nadie pudiera ver que se dirigían hacia el inodoro y no hacia la puerta, me hice experta en arreglarme las ropas, y alguna vez dejaba algún botón del pantalón desabrochado, hasta que alguien me lo hacía notar.

Era capaz de mantener una conversación con alguien que me esperara fuera mientras vomitaba al mismo tiempo. Cuando no comía, necesitaba constantemente algo en la boca: al principio era un chicle, luego aprendí a regurgitar la comida. Durante horas, enviaba de nuevo la comida a la boca y la rumiaba, hasta convertirla en una papilla insípida que tragaba por fin. Aprendí a hacerlo mientras caminaba, mientras estudiaba en clase, incluso mientras charlaba con mis amigas. Nunca me sorprendieron, ni se extrañaron de lo mucho que me mordía la lengua o el paladar. Cuando años después se lo pregunté, ninguna de ellas había notado nada. Únicamente que yo parecía comer cuanto deseaba, más que nadie que hubieran visto, y que no engordaba. Me confesaron que en aquellos años me envidiaban.

Ninguna de estas técnicas me producían el menor orgullo, pero no veía cómo evitarlas mientras no lograra mi objetivo: adelgazar. Como no era capaz de controlarme y comía demasiado, esa comida tendría que salir por donde había entrado. Mis ideas, según me introducía más y más en la enfermedad, no daban para más. Mi lógica, hasta entonces tan aguda, parecía embotada.

No guardo un solo recuerdo del primer verano de mi enfermedad. Si me esfuerzo, si hago coincidir los años con las experiencias, puedo evocar algunos sábados con mis amigas, una noche en la que mis padres me sorprendieron con los labios pintados, y la reprimenda que me cayó por ello, y algunos movimientos del chico que me gustaba, que desapareció por las vacaciones, pero nada de esto se ve acompañado por imágenes. Son recuerdos rescatados de mi diario, de las conversaciones posteriores con mi familia y mis amigos. La parte final de esa primavera, y los meses que transcurrieron hasta la siguiente, han desaparecido. Puedo evocar a mis compañeros de clase, las asignaturas que cursé, y algunas conversaciones aisladas, pero el resto no es sino una sensación de opresión, de dolor y de frío.

Si ahondo más soy capaz de describir la ropa que llevé durante aquel año: no resulta difícil, un jersey rosa y otro azul, un vaquero y una chaqueta. Si hacía demasiado frío, una gabardina. Nada más de lo que llenaba mi armario me servía, ni las preciosas minifaldas de un año antes, ni los pantalones ajustados, ni siquiera los jerséis, que se abombaban y me ponían nerviosa porque hacían surgir barrigas y jorobas donde no las había. En casa sólo me veían con el chándal o el pijama. Llegué a odiar aquel chándal. Miraba a las chicas delgadas que me rodeaban y me invadía una rabia sorda, que golpeaba al mismo ritmo que mi corazón. Me ensañaba mentalmente con las que habían logrado perder un peso notable, que, como siempre, eran objeto de admiración y envidia.

Mi gusto por la ropa se deslizó rápidamente a los cuerpos: antes, a veces, dibujaba algún modelo que me había gustado, pensando en las fiestas a las que acudiría cuando fuera mayor. Yo haría mi entrada triunfal e impresionaría a todo el mundo.

Ahora recortaba a las chicas de las revistas, los cuerpos que se consideraban perfectos: Claudia Schiffer, Linda Evangelista, Naomi Campbell, Christy Turlington. Ni siquiera los conservaba enteros: seleccionaba las piernas de una, los pechos de otra, la cintura de la más delgada. Componía con ellas el ideal de un cuerpo fantasma, un Frankenstein modélico, y aún creía que me sería posible acercarme a él. Les cortaba las cabezas, y me imaginaba en su lugar. No sentía especial admiración por ninguna de ellas: mi único ídolo era yo, ese yo en el que me convertiría cuando adelgazara de nuevo. Parecía haber olvidado que ni siquiera con cuarenta y ocho kilos me había sentido satisfecha, que nunca me habían agradado mis muslos ni me había considerado guapa. Por aquel entonces volvía los ojos a la época de delgadez y me parecía perfecta.

Si escarbo con mayor ahínco encuentro muchas horas de soledad: sábados interminables pensando en cómo sería la vida ahí fuera. Ya no deseaba salir, porque no tenía ropa, y prefería morir antes que dejarme ver mal arreglada un sábado. No sabía cómo pedir a mis padres prendas más atrevidas para entrar en las discotecas, y tampoco me permitía comprarlas hasta que no adelgazara. Quería olvidarme de todo lo que me recordara a la infancia, quería convertirme en una mujer sofisticada y admirada, pero sólo encontraba fuerzas para ello en mi mente y mis dibujos. Inventaba excusas para evitar a mis amigas, y ellas, cada vez más conscientes de nuestras diferencias, olvidaron pronto llamarme. Incluso aunque hubiera querido divertirme, no hubiera tenido con quien.

Dedicaba esas horas a soñar despierta, a ver la televisión, a hojear revistas y a dibujar. El teatro, que me dejaba demasiado expuesta, demasiado desnuda, pasó a ser temido primero y luego sencillamente evitado. No me atrevía a hablar claramente con mis padres, y sólo exponía débiles críticas; no quería contarles que desde que había engordado las ya tibias relaciones con mis compañeros resultaban inexistentes. Me miraban con algo que yo creía que era pena, y que posiblemente fuera indiferencia. Iba y venía sola, y por lo general me gastaba el dinero del autobús en bollos y chocolate. De manera cada vez más regular comencé a saltarme las clases.

Para gran satisfacción de mis padres, comencé a dar lecciones de apoyo a alumnos menores que yo. Mis notas continuaban siendo muy buenas, aunque flojeaba en las asignaturas que menos me atraían, pero nada hacía sospechar un problema. Mis padres, que me veían encerrada durante largas horas, no podían sospechar que ni siquiera tocaba un libro, aunque no eran tan ingenuos como para pensar que dedicaba todas mis horas a estudiar. Pero creían que yo deseaba estar sola, y respetaban esa actitud. Yo confiaba en mi buena memoria, y, de vez en cuando, repasaba los apuntes. Eso me bastaba.

En un principio intenté aplicar a mi sueldito de profesora el viejo principio de ahorrar el cincuenta por ciento; unos meses más tarde el dinero que cobraba a fin de mes había volado cinco días más tarde. Me esforzaba por ser una buena profesora, y creo que lograba hacer las clases agradables, y que los niños me querían, pero durante aquellas horas sólo podía pensar en comer, en comer, en comprar comida, esconderme y comer. Tenía la sensación de que nada de lo que hacía desde que me levantaba hasta que me acostaba me gustaba, que no había ni un mínimo hueco para una afición, para un hábito agradable.

A veces me he preguntado cómo es posible que mis padres no se dieran cuenta de esa infelicidad amarga que arrastraba. Lo cierto es que no creo que la manifestara en exceso, en parte porque no deseaba preocuparles (nuevamente eso me hubiera convertido en una mala hija) y en parte porque los consideraba en otro mundo, con ideas y aspiraciones totalmente ajenas. Creo que pensaron, sencillamente, que se debía a la edad. Yo no me mostraba especialmente rebelde, continuaba siendo expresiva, afectuosa y un poco exagerada en mis gestos, y ellos no tenían demasiadas chicas cerca con las que comparar mi conducta.

¿Cómo hubieran podido detectar el problema? Nadie había oído hablar en aquellas fechas de la anorexia, y cuando ésta hizo su aparición se caracterizaba por niñas esqueléticas y que se negaban a comer, nada más lejos de mi conducta y apariencia. Ni mis notas ni mis ocupaciones variaron a sus ojos, y lo único que habían observado era un aumento de peso y mi obsesión por hacer dieta. No fumaba, no bebía, no frecuentaba malas compañías, no salía con chicos, rechazaba la droga por propio convencimiento... unos kilos de más no sembraban la alarma.

Eso vino después, cuando la comida comenzó a desaparecer, cuando no me molestaba en ocultar las señales de haber vomitado, cuando encontraban comida o envoltorios escondidos, cuando les mentía a diario. Mientras tanto, no había señales de peligro.

Mi padre era un hombre hecho a sí mismo, volcado absolutamente en el trabajo, honrado, silencioso y sufrido como no he visto otro. Sus aspiraciones de entrar en el ejército habían quedado truncadas por una enfermedad cuando aún era muy joven, pero jamás se le oía lamentarse por ello, ni por ninguna otra oportunidad perdida. Su vida se componía de su trabajo y su familia, y no parecía valorar en exceso el trato con los demás, como no fuera para ayudarles. No hablaba de sus problemas y preocupaciones, se enfrentaba a las dificultades sin subterfugios, y su sentido práctico podía resultar abrumador. Desconfiaba de todo exceso y de toda emoción, e intentaba que cada día fuera igual al anterior, cada año similar, un punto medio, un silencio y una supresión de sentimientos constantes.

Nunca le vi alegre sin razón, tampoco enfadado. A veces, cuando tenía que reparar algo en casa, silbaba. Era tan discreto a la hora de expresar sus gustos, tan templado en sus aficiones y necesitaba tan pocas cosas para vivir que regalarle algo siempre suponía un problema. Se preciaba de controlar sus instintos, y en ocasiones le escuché decir que sólo la fuerza de voluntad separaba a los hombres de los animales. Afirmaba que si de él dependiera fumaría y bebería, y comería de manera desatada, porque eran tendencias que se encontraban en el interior de todos, pero que del sentido común dependía el alejarse de los vicios y los excesos.

Tenía una ligera tendencia a engordar, sólo le gustaban unos pocos platos sencillos, y se alimentaba de una manera muy sobria, sin la menor concesión, por el bien de su salud. Cuando ésta empeoró, cumplió los regímenes que le mandaron de manera inflexible, y sin añorar nada. Nunca dio señal de apreciar una comida, y la única manera de deducir si le había gustado o no era ver si repetía una pequeña porción.

Era parco pero muy terminante con las críticas, y rechazaba la mayor parte de los alimentos nuevos.

De su actitud estoica aprendí muy pronto a despreciar a los quejicas, a los enchufados, a los derrochadores, a los niños de papá, a los aduladores, a quienes se aprovechaban de su posición o sus amistades para medrar. Critiqué por imitación a quienes deseaban destacar, a los histriónicos y a quienes se dejaban llevar por las pasiones. Sin embargo, yo poseía un temperamento hipersensible y excesivo, y sufría a diario por el vaivén de mis emociones, de modo que sabía que estaba expuesta a la censura muda e inmisericorde de mi padre. Adopté de él un acusado sentido del deber, y la manera callada de demostrar cariño. Tampoco, como él, aprendí nunca a sentirme cómoda con los halagos o los elogios.

Mi madre, en cambio, era expansiva y sensible, y con una tolerancia aún menor que la mía a las críticas. Fueran éstas reales o imaginadas, le ofendían y dolían tanto que una ausencia de comentarios sobre el arroz, o el apunte de mi padre de que no era gran cosa le arruinaban el día. Era creativa y con afición por el arte, y procedía de una familia en la que hablar de sentimientos y proyectos resultaba normal y cotidiano.

Había cuidado de nosotros y de la casa siempre, y su sentido del deber le hacían esforzarse más de lo común. Perfeccionista y autocrítica, intentaba siempre una decoración novedosa, o un plato de alta cocina, se ocupaba de vestirme a la última, o de destacar de alguna manera que denotara estilo y elegancia. Esbelta, con clase y buen gusto, era patológicamente tímida, y los reproches que se hacía continuamente por no estar a la altura no le ayudaban demasiado.

Cocinaba estupendamente, y comía de todo; habitualmente ella se reservaba la peor pieza, o el pastelito roto, y terminaba con las sobras. Aunque en mi niñez y adolescencia hizo un par de dietas, comía abundantemente sin engordar, y no paraba quieta. Nunca la vi desocupada.

De ella imité desde muy niña los sentimientos de culpa si algo iba mal, la negación de mis derechos a favor de los otros, la compasión por quienes sufrían, la actitud de echar una mano siempre que fuera posible y el miedo a las críticas. Aprendí lo que sé de cocina, y el amor por las cosas bellas y delicadas. Interioricé también que quien expresa sus emociones es tenido por débil y lleva las de perder, y que la sensibilidad lleva aparejado el sufrimiento.

Aunque coincidían en los criterios de mi educación, quizá mi padre un poco más estricto, mi madre más cercana, sus principios vitales eran opuestos: llevaban a mi padre a considerar a mi madre como endeble y dependiente, y a mi madre, a su vez, a sentirse herida y cuestionada. Según fui creciendo, los problemas se agudizaron, y las discusiones aumentaron. Se enzarzaban en continuas luchas de poder, que podían estallar por cualquier cuestión nimia, y el resentimiento aumentaba cada vez más: ninguno de los dos era capaz de pedir perdón, y ninguno de los dos cedía.

El punto de referencia hasta entonces inamovible se tambaleaba, y mi reacción fue cerrar los ojos: no soportaba que discutieran, no quería escuchar que las broncas en una pareja eran normales, y no quería ni siquiera pensar que pudieran divorciarse. ¿Qué haría yo? ¿Con quién tendría que quedarme? ¿Cómo podría elegir, sabiendo que eso significaba una traición al otro?

Cuando discutían yo me escondía detrás del escritorio de mi habitación, y dibujaba durante horas. Si alguien entraba en el cuarto ocultaba las láminas bajo los deberes, y cerraba el cajón de la mesa: siempre guardaba allí las galletas, el chocolate, las patatas o incluso la lata de atún. Lo que fuera que me pillaran comiendo en aquella ocasión.

Descartadas mis amigas, descartados los sueños no convertidos en realidad en la academia, descartados mis padres, ¿qué me quedaba? No sabía a quién pedir ayuda, y de haber hallado a alguien, tampoco hubiera sabido a quién dirigirme. Cada uno de los días se extendía ante mí, largo, eterno, con una interminable lista de obligaciones, una insospechada cantidad de frustraciones y una sonrisa impuesta para cubrir cualquier problema.

Imaginaba continuamente mi vida junto a la del chico que me gustaba. Continuaba siendo el mismo del año anterior, Juan Manuel, para quien seguía pasando tan desapercibida como antes. Reunía todas las características del hombre ideal que me había construido, otro hermoso Frankenstein. Fue uno de los primeros en adoptar el aire desvalido que más tarde el movimiento grunge popularizaría, y que le hacía destacar entre el grupo de muchachos que aún intentaban afianzar su masculinidad mediante gestos bruscos, risotadas y desprecios a las chicas. Juan Manuel cultivaba su aspecto descuidado, trataba a sus compañeras con una distante cortesía, y nunca acompañaba a los demás en sus burlas. Su éxito con ellas era tan evidente que nadie podía vengarse acusándole de afeminamiento.

En aquel momento yo no pedía nada más en un chico que belleza exterior y respeto. Mi ignorancia de la psicología masculina era absoluta, y creía que eran más o menos como las chicas, pero más brutos. Creía que buscaban lo mismo, y que sus esperanzas se fundaban en los mismos objetivos. Como nunca tuve ninguna experiencia que lo desmintiera, pensaba que el énfasis de las chicas («Todos piensan en lo mismo») era erróneo, y más propio de las generaciones anteriores. Nosotros habíamos sido criados en igualdad, y conocíamos sin aspavientos y de manera oficial todo lo relacionado con el sexo: es decir, lo que se refería al sexo reproductivo y cómo evitarlo, a las enfermedades venéreas y cómo evitarlas, y para de contar. Nos habían hablado del sexo oral, o al menos de sus riesgos, y sabíamos que las películas le echaban mucho cuento a la cosa.

Yo estaba convencida de que un excesivo interés por el sexo se debía a una insuficiente información y, por lo tanto, no aceptaba que los chicos pudieran sentir nada aparte de una curiosidad moderada por las chicas. Mi fascinación por Juan Manuel era puramente estética, y no iba nunca más allá de desear un beso. Ni siquiera relegaba el sexo al matrimonio: sencillamente, no pensaba en ello. Creía que tiempo habría para esas complicaciones: ya bastante traumático había resultado convivir y ocultar la regla hasta entonces como para más historias.

La actitud general era bastante similar: se hablaba con desprecio de los que se entregaban a besos desenfrenados apoyados contra un coche (ni se nos ocurría mencionar lo que podría pasar «dentro» de ese coche) y se daba por supuesto que todas las chicas, por mucho tiempo que llevaran con su novio, eran vírgenes. Al fin y al cabo, sólo teníamos dieciséis años.

En mitad de aquel ambiente de noviazgos pre-guerra civil, algo vino a desatar las lenguas y sacudirnos la modorra: una chica de nuestra edad, compañera de algunos de mi clase, había dado a luz en el cuarto de baño de un bar, un domingo por la tarde, ella sola. Nadie, ni siquiera su madre, sabía de su embarazo. De pronto, todos los tabúes dormidos por las clases de información sexual reaparecieron: el miedo, transmitido por nuestras madres, de quedarse embarazada estando soltera, la vergüenza de haber sido abandonada por el novio, la indecencia de haber accedido a las relaciones sexuales, el haberlas practicado sin los suficientes medios, el dolor del parto, el final brusco de la niñez al tener que hacerse cargo de otra criatura... los demonios que aguardaban en la mente cuando se anhelaba hablar con un chico, o caminar de la mano con él, o besarle con lengua, los riesgos de nuestro género, se revelaron al mismo tiempo.

Aunque compadecí como todos a la joven madre, mis pensamientos volvían una y otra vez al mismo punto: había parido en el cuarto de baño, se había refugiado allí con su secreto, como yo hacía con el mío. Se había liberado del peso de su vientre, como yo hacía con el mío. ¿Sería yo tan criticada como ella si era descubierta? Me identifiqué con ella, y la defendí en todo momento. Bastante tendría con los remordimientos. ¿Por qué había siempre que culpar a las mujeres, porque los hombres salían sin daño, no se quedaban embarazados, no engordaban, no eran elegidos sino que elegían? Mis atracones aumentaron tras aquello. No sabía qué me avergonzaba más, si comer sin medida o vomitar después, si comprobar mi falta de control o entregarme a un acto asqueroso varias veces al día. Al menos, me repetía yo, no hay nada irremediable en esto, nada irreparable, nada que condicione mi vida. Sólo hace un año y tres meses estaba delgada: puedo volver a estarlo.

No puedo recordar nada más: el miedo a ser descubierta, la tristeza como un puñal y el frío. No había lugar donde esconderse del frío aquel invierno. Desde hacía un año no aceptaba camisetas pese a la insistencia de mi madre, porque me hacían parecer más gorda, y sin blusas, sin ropa de abrigo, sin otra cosa que un jersey delgado y una gabardina, sobreviví, tiritando y estornudando, hasta la primavera.

Me enviaron a Irlanda aquel verano, una recompensa por la que yo había rogado, y que encajaba bien con la mentalidad de mis padres: en pago a mis buenas notas y mi buen comportamiento se me obsequiaba con otro mes de estudios en el extranjero, en un carísimo colegio. Obedecía al lema de mi padre de que para descansar de un trabajo lo mejor era otro trabajo. Nunca hubieran aceptado gastar tal cantidad de dinero en nada para ellos, pero sí en que yo aprendiera inglés: al año siguiente iría a la universidad, y no querían que me encontrara en inferioridad de condiciones.

En Irlanda viví con una familia obesa: no el nivel de gordura al que yo estaba acostumbrada, o que consideraba normal, sino una obesidad mórbida, patológica. Sólo el padre y uno de los cinco hijos mantenían un peso correcto. En la pared del salón reinaba la foto de bodas, en la que una delgadísima y preciosa madre se abrazaba bajo el confeti al padre. Pasé horas mirando aquella fotografía: ella no parecía recordar su pasada figura con pena, sino que se mostraba alegre, subía y bajaba escaleras, atendía su casa y a los estudiantes que vivíamos en ella de manera impecable, y era, para colmo, una estupenda cocinera. Yo, sin embargo, no podía romper la distancia que me separaba de ella. En sus ciento sesenta kilos veía mi futuro, y al mismo tiempo la insignificancia de mi peso, que no había pasado de cincuenta y ocho. Al mirarla intentaba descubrir qué quedaba en ella de aquella figurita elegante de la boda.

Nos alimentaba a conciencia con comida tradicional irlandesa, y a nadie se le hubiera ocurrido dejar restos en el plato. No contaba, como se hacía en mi casa, con que sobrara algo para otra ocasión, de modo que a cada cena la inmensa bandeja del horno se vaciaba. Se consideraba normal tomar pan y mantequilla con la comida, y cada día terminábamos con un postre diferente. El placer con que comían, el desprecio absoluto por su figura me resultaban tan chocantes que llegué a la conclusión de que vivía con personas sin gusto ni criterio. Sin embargo, eran felices, se querían, y las hijas obesas me hablaban de sus novios y sus líos, cosa que yo, con mi talla cuarenta, no podía hacer.

Acudía cada día al colegio, y para mi sorpresa, enseguida hice amigos. Me emplazaron en un nivel alto de inglés, y las clases resultaban muy entretenidas y exigentes. Cuando descubrieron que sabía dibujar y hacer retratos me hice pronto conocida. Por primera vez en mi vida me sentí no sólo aceptada en un grupo, sino además parte de los privilegiados. Las chicas querían sentarse conmigo, y descubrían en mí virtudes que nunca me habían sido mencionadas: me apreciaban porque era alegre, porque me convertí en el portavoz de la clase y miraba siempre por nuestros intereses, porque creían que tenía una fuerza inagotable y porque sabía escuchar.

Por primera vez en año y medio, existía una posibilidad de que la vida mejorara: dejé de vomitar, estrené toda la ropa que me había comprado para la ocasión (dos tallas mayor que la que llevaba a los quince, pensaba de continuo, una talla al año... ¿dónde llegaría a los treinta?) y me dediqué a disfrutar y a participar de la vida, como todos hacían. Dos chicos se interesaron por mí, y flirteé torpemente, sintiéndome un poco culpable por fallar en mi devoción eterna a Juan Manuel.

Sin embargo, ninguno de los dos me gustaba físicamente: o, mejor dicho, ninguno de los dos cumplía con lo que yo pensaba que debía ser un novio. Mis ideas estaban muy claras: cada oveja con su pareja, los guapos con los guapos, los feos con quien pudieran. Un novio codiciado me contagiaría inmediatamente con el estatus deseable. Entonces creía que la belleza se podía obtener por ósmosis.

Yo discurrí entonces que tenía demasiada dignidad como para salir con el primero que apareciera, y arriesgarme así a ser catalogada como normal, o incluso fea. Deseaba al mejor, y cualquier cosa por debajo de él sería humillante: o el más guapo, o nada.

Por supuesto, existían casos, yo los conocía, de chicas monas que salían con novios normalitos. No las tenía en muy alta estima: pensaba que se habían conformado con cualquiera, que no habían tenido paciencia para esperar, como yo hacía, al adecuado. Que se prodigaban a bajo precio. No se me ocurría pensar que podrían estar enamoradas, que esos muchachos podrían mostrarse dulces, atentos, comprensivos, que podrían llevarse bien y quererse. Tampoco pensaba en el sexo como una demostración de amor, sino más bien como una búsqueda de placer, como una lucha de poder entre el hombre y la mujer en la que la mujer, si era lista, ganaba con la sumisión del macho. Estaba tan preocupada por los aspectos físicos que era ciega a cualquier cosa que traspasara la piel.

Dos días antes de regresar a casa yo era dolorosamente consciente de que había engordado aún más: la ropa nueva me ajustaba a duras penas, y la opresión me volvía nerviosa y distraída. No había comido gran cosa fuera de las cenas y los desayunos, porque la comida consistía en un sándwich y una chocolatina, pero tampoco había probado las verduras ni la fruta: había vivido de hidratos de carbono, proteínas y lípidos, sin contar las calorías. Y de vez en cuando me había concedido un paquete de galletitas de crema, pero no más de dos por semana.

Me parecía que ya me sería imposible comer normalmente sin engordar, por más que las raciones en la casa irlandesa no fueran «normales», y vencida por la desesperación estaba a punto de aceptar mi peso; se podía vivir con él, pese a todo, y mi cuerpo era femenino y curvilíneo, algo más ancho de lo que yo deseaba, pero sin que ninguna parte de él destacara. En los años cincuenta, me lamentaba, me hubieran considerado guapa.

Cuando regresaba del colegio, adelanté a un grupo de tres chavales irlandeses: callaron a mi paso, y yo enderecé la espalda, intentando caminar de manera elegante y femenina. Estaba contenta, había recibido las mejores notas de la clase y podría demostrar a mis padres que el viaje había merecido la pena. Cuando me había alejado unos metros de ellos, uno de los chicos dijo:

–*Fat, isn't she?* («Gorda, ¿verdad?»).

Creo que no me detuve, que continué a mi paso, rogando por haber entendido mal, porque se refirieran a otra; jugaban a puntuar a las chicas que pasaban a su lado, y a mí me había tocado la etiqueta de gorda. Llegué a casa casi llorando, y me encerré en mi cuarto a hacer la maleta. Justo cuando creía que no era para tanto, cuando aparecía un trozo azul entre las nubes, mi vida se descomponía de nuevo.

Cuando bajé del avión lo primero que mi madre me dijo fue que venía muy gordita. Lo encajé como un insulto más. Me pesé: sesenta kilos. Jamás, ni en mis peores pesadillas, había estado tan gorda.

No mantuve contacto con la gente de Irlanda, ni con los

de la casa ni con mis compañeros. Me esforcé en creer que no había existido aquel paréntesis, y la felicidad de ser aceptada se desvaneció muy pronto. Por primera vez desde que estaba enferma, adelgacé, y perdí tres kilos en un mes al regresar a la dieta mediterránea. Mi peso, aunque alto para mi gusto, volvía a ser aceptable. Encajaba en la ropa. Lo único que recordé fue el comentario de aquellos desconocidos, mi vergüenza, mi falta de control. Fue la única apostilla por parte de extraños que recibí en mi vida haciendo alusión a mi peso, pero estuvo presente en cada fiesta a la que acudí, en cada persona nueva que conocí, en la mirada furtiva y crítica con la que me exponía cada día ante el espejo. Tardé años en recordar que los irlandeses que me habían considerado gorda no podían tener más allá de trece años.

A lo largo de ese último año en el instituto, para mis padres, resultó evidente que yo me comportaba de manera extraña: mi madre no podía traer nada apetitoso a casa, porque yo me lo comía a escondidas. La misma Gloria que se había envanecido años antes frente a sus primos golosos era incapaz de resistirse ante cualquier alimento dulce o salado. Cajas enteras de galletas, tabletas de chocolate, paquetes de patatas fritas, yogures, aceitunas, botes de paté, fiambres, embutidos, palitos de cangrejo, todo desaparecía.

En un principio, mi madre pensó que olvidaba las cosas, o que las habíamos comido sin que ella tomara cuenta. Pronto desconfió. Yo intentaba sustituir los productos por otros iguales, y no era extraño que tras un atracón saliera en busca de galletas y atún a los supermercados cercanos. Aprendí a distinguirlos por la tinta y el color de la etiqueta del precio, porque mi madre detectaba si la marca que había traído era distinta, o incluso, cuando más adelante me encontré bajo sospecha, si la fecha de caducidad era otra.

Cuando no lo lograba, intentaba al menos posponer el descubrimiento, manteniendo la caja vacía en su lugar, o el envoltorio de chocolate abultado, o con un cartón dentro. Luego temblaba de miedo hasta que descubrían el apaño, sintiéndome cada vez más incapaz y sucia. Me ponía en tensión cada vez que mis padres se acercaban a la despensa, y me maldecía por ser tan débil.

Casi la mitad de las veces me descubrían: mi madre me enfrentaba a ello, intentaba que yo admitiera que comía a escondidas. Yo lo negaba, buscaba excusas inverosímiles o me mantenía en silencio, sabiendo que no había explicación posible. Si no lo habían comido ni mi padre ni mi madre, no quedaba sino que fuera yo. Mis padres no podían entenderlo, y supongo que para ellos supuso una tremenda sorpresa: yo, que no había sido nunca una fuente de preocupaciones, que era la envidia de sus amigos por mis buenas notas y mi responsabilidad, les mentía en algo tan absurdo como la comida, me escondía para devorarla y negaba la realidad. ¿Qué tontería me había entrado? El tipo de alimentos que escogía y las cantidades me impedían aducir que tuviera hambre: me entregaba a los caprichos, a la gula. Mi madre no podía entenderlo, y mi padre lo consideraba una falta que no me daba la gana corregir.

Mi madre no quería renunciar a tener exquisiteces en casa: le hubiera parecido una falta capital recibir invitados y no ofrecerles nada, y no quería dejar que yo me saliera con la mía. Comenzó a esconder la comida. Yo, cuando estaba sola, registraba la casa y, por lo general, encontraba los escondrijos. Entonces no podía controlarme y comía lo que fuera. Mi madre se desesperaba, y yo no sabía cómo explicarle que tenía que comerlo, que era superior a mis fuerzas, de modo que callaba:

–Si quieres comer una galleta, cómela. Pero ten un poco de control, no te comas todo el paquete. Si tienes hambre, coge fruta –me repetían–. No comas tan poco en las comidas principales, y luego no te entrarán tentaciones.

Yo creía que los platos que mi madre cocinaba me engordarían, y por eso mantenía las raciones bajo control: pero luego me era imposible no atracarme de otras cosas. Mi madre se enfurecía. En un par de ocasiones, después de pillarme comiendo galletas tras la cena, me hizo sentarme a la mesa de nuevo y comer otro plato.

–¿Crees que voy a pasar el trabajo cocinando sin grasas, buscando todos tus caprichos para que adelgaces, y que luego comas a escondidas? No, hija, no. ¿Tienes hambre? ¡Pues come! ¡Come lo que te dé la gana, pero no nos vuelvas locos a todos!

Yo comía llorando. Cuando me obligaban a ello, la angustia me cerraba el estómago. Ya sabía que lo que me impulsaba a comer no era el hambre, que aquello que nacía sobre la tripa y me oprimía no se saciaba con comida, pero pensaba que eran nervios. Cuando mi vida se serenara, cuando mis padres dejaran de gritarme, cuando adelgazara, cuando consiguiera amigos, entonces dejaría de sentirlos.

No aceptaba que fuera yo quien comía lo que faltaba, y me aferraba con fuerza fanática a la negación de los vómitos. Cuando descubrieron las primeras huellas creyeron que los excesos a los que me había sometido me habían empachado, y que no había podido más. Poco a poco se dieron cuenta de que tras haber comido en abundancia, vomitaba por mi propia voluntad. Mi madre ya no sabía a qué atender, si a que no vomitara o a que no comiera. Ella, como casi todo el mundo, asociaba el devolver con el mareo, las náuseas, la suciedad. Yo no podía explicarle el alivio que suponía, la sensación casi adictiva de liberación y limpieza.

Cuando, tras haber engullido una caja de galletas, tres botes de paté con una barra de pan, una lata de melocotones en almíbar, dos pasteles con merengue y dos vasos de leche el estómago parecía a punto de estallar, y los ideales de delgadez y de belleza se alejaban, y con ellos los chicos, el éxito, la admiración, lo único que podía librarme de aquella sensación turbia y desoladora era vomitar. Todo volvía a la normalidad entonces: las calorías no eran absorbidas, la distensión desaparecía, y era posible ponerse en camino de nuevo, comenzar sin pasado. Dos horas más tarde el vampiro de comida exigía de nuevo alimento, y mordía y roía por dentro hasta hacerme caer de nuevo. Y yo, que era débil, que era insignificante y estaba condenada al fracaso, cedía.

Me había ofrecido voluntaria para organizar el viaje de estudios, en un desesperado intento de conocer más gente, de ser necesitada y de entrar en la dinámica de los chicos de mi edad. No me sobraba el tiempo, pero me juré sacarlo de donde no lo tuviera. Recorrí los bancos comprobando cuál nos ofrecía mejores condiciones, organicé rifas, dinamicé al resto del comité encargado del asunto, y logré que me consideraran una de las máximas responsables. Tenía pocas posibilidades de ir yo misma a aquel viaje, pero aquello me importaba muy poco. Dependían de mí, y no me importaba trabajar para ellos siempre que pudiera sentirme parte del grupo.

Por entonces me hablaron de un dietista que había logrado milagros: diez kilos, doce kilos en un mes o dos. Recuperé de nuevo la esperanza: si conseguía perder diez kilos, regresaría al punto de partida, como si nada hubiera pasado.

Lloriqueé, prometí enmendarme y empleé todos mis recursos, hasta que mi madre accedió a llevarme allí. Hoy sé que aquel dietista no merecía tal nombre: se limitó a anotar mi estatura y mi peso, y a suministrarme una serie de pastillas de fibra y batidos proteínicos con los que sustituir una de las comidas. Ni análisis, ni estudio de costumbres alimenticias, ni perfil psicológico. Yo, que a aquellas alturas me había convertido en una experta en necesidades nutricionales y en índices calóricos, no salí de allí convencida, pero creí que merecía la pena probarlo: todo con tal de adelgazar.

El dietista me había prometido una pérdida de dos kilos tras los tres primeros días: pese a que seguí estrictamente sus instrucciones, no llegué a perder uno. Me sentí estafada, y súbitamente me invadió el desánimo: ¿por qué ahora que cumplía las normas era incapaz de adelgazar? ¿Habría cambiado mi metabolismo? ¿Estaría condenada a ser una obesa? Nuevamente era incapaz de pensar con claridad. Un primer fracaso indicaba que sólo sufriría fracasos. Una disminución de peso más lenta de lo que esperaba me hizo creer que todo estaba perdido. El trato consistía en que el dietista llamaría cada tres días, y que yo le diría mi peso. Con la primera pérdida me felicitó y me animó a restringir mi alimentación, para adelgazar más.

A partir de esa llamada le mentí: mi peso disminuía lentamente, pero disminuía, en la gráfica que él trazaba. En realidad, me entregué como nunca a los atracones, desesperada, llorosa, manteniendo la buena cara en el instituto y ante mis padres. Me comí un bote de leche condensada de una sola vez, y, en una ocasión, cuando yo sabía que las represalias por comer algo de la despensa estando a dieta serían terribles, medio kilo de azúcar a cucharadas. El azúcar me produjo una terrible acidez de estómago, y me juré no repetir la hazaña. Ya había comprobado que no podía consumir chocolate por la noche, porque me amargaba tremendamente.

Mi madre no se creía que yo adelgazaba. No veía que mis medidas disminuyeran. Para calmarla, me ofrecí a pesarme delante de ella. Contra eso no podía decir nada. El truco que utilizaba era muy sencillo: colocaba el índice de la balanza dos o tres kilos por debajo del cero, de modo que al pesarme la aguja no superara los 57. Tenía la sensatez de no simular grandes pérdidas, sino más bien un mantenimiento de peso. Pasaron dos semanas más, y el dietista se preocupaba por la falta de éxito de mi régimen. Yo me defendía, diciendo que seguía una vida muy sedentaria y que no gastaba calorías.

Finalmente, mi padre me sorprendió comiendo. Recuerdo aquella escena como una pesadilla. No le había oído llegar, la puerta no crujió al abrirse, y no tuve tiempo de esconder en el cajón lo que estaba comiendo. Mi padre me tomó de un brazo y me llevó al cuarto de baño.

–Si te crees que nos vas a tomar por tontos estás muy equivocada.

No quería mirar: habían descubierto la farsa con la báscula, y la habían enmendado. Pesaba sesenta y tres kilos, más, mucho más de lo que hubiera temido, que lo que hubiera sospechado. Me anunciaron que la dieta había terminado, y yo me pasé la noche llorando. ¿A qué límites llegaría? ¿Cuándo iba a finalizar aquella tortura, aquella decepción continua?

El dietista no podía entender el súbito aumento de seis kilos, y mis padres lo explicaron como un error de báscula.

Quedaba una semana de régimen, que el médico se empeñó en continuar, y me impuse seguirlo con corrección. Perdí cuatro kilos, pero aun así, pesaba más que al inicio del régimen. Cuando mi madre fue a hablar con él y le contó que yo comía a escondidas, el dietista le sugirió que me escarmentara, que me castigara y me atara corto, que con mi comportamiento estaba mintiendo a mis padres y arruinando su prestigio.

El infierno. Tengo miedo

CREDO DE LA ANORÉXICA

Creo en el Control, la única energía con suficiente
fuerza como para ordenar el caos en el que vivo.
Creo que soy la persona más rastrera,
inútil y despreciable que haya existido jamás en la Tierra,
y que soy absolutamente indigna del tiempo o la atención de nadie.
Creo que quienes me digan algo distinto son idiotas.
Si pudieran verme como soy realmente,
me odiarían tanto como yo lo hago.
Creo en leyes irrompibles, en deberes y obligaciones
que determinen mi comportamiento diario.
Creo en la perfección, y lucho por obtenerla.
Creo en la salvación a través de realizar un esfuerzo cada día mayor.
Creo en las listas de calorías como la palabra de Dios,
y de acuerdo con esa creencia las memorizaré.
Creo en las básculas de baño como indicador
de mis fracasos y éxitos diarios.
Creo en el infierno, porque en ocasiones pienso que vivo en él.
Creo en un mundo en blanco y negro, en la pérdida de peso,

el remordimiento por los pecados, la negación del cuerpo
y una eterna vida de ayuno.

(Encontrado en varias páginas pro anorexia, invierno de 2002)

Parte de la verdad a la que yo no tenía acceso se reveló bajo la forma de una revista femenina: yo las adoraba, y aunque apenas prestaba atención a sus artículos, a los que indicaban de qué manera comportarse, y cómo lograr un trabajo mejor, o exponer requerimientos urgentes a los jefes machistas, era capaz de reconocer en qué número había aparecido tal modelo con tal vestido.

Se acercaba el verano, y con él sus exigencias, y con él, mi cumpleaños, una nueva ocasión para lamentar haber nacido, para lamentar haber crecido y haber arrojado mi vida por la ventana. Aquel año nadie pensaba en las vacaciones: antes era preciso pasar el examen de selectividad y ser admitido en una universidad. Yo, que me había tomado el curso con un desprecio apenas disimulado sin que por ello mis notas se vieran afectadas, afronté la prueba con la misma actitud; sabía que no tendría problemas para entrar en la universidad: me había decidido por Arquitectura, de modo que mi amor por el dibujo podría encontrar una respuesta, y mi necesidad de planificar todo cuidadosamente podría salir a la luz.

Mi cabeza estaba ocupada por la obsesión por la comida, y mis días con el sentimiento de culpa y las sospechas de mis padres: me habían prohibido tomar parte en el viaje de fin de curso, porque no se fiaban de mí, y porque creían que me descentraría en los estudios, y yo había aceptado el castigo con resignación, convencida de que realmente no me lo merecía. Mis padres no sabían hasta qué punto me había involucrado con el viaje, de modo que no sospecharon que nuevamente renacía mi idea de que cualquier esfuerzo que me tomara no llevaba a nada. Mis compañeros, por su parte, se habían limitado a lamentarlo por mí y a disfrutar de lo que el comité, del que yo formaba parte, había organizado. Me apenó descubrir que no me habían echado de menos, y me reafirmé en mi idea de que la vida normal de la gente de mi edad me estaba prohibida.

Mientras los afortunados que habían marchado en el viaje de estudios visitaban Amsterdam, las clases se suspendieron: los profesores nos ayudaban a repasar para la selectividad, o nos dejaban estudiar en la biblioteca. Yo me sentaba, charlaba con la bibliotecaria, hacía excursiones y descansos para comprar chucherías, y hojeaba revistas femeninas.

«¿Eres bulímica?», preguntaba uno de los artículos, y a mí me llamó la atención la palabra, que nunca había oído. Aquella revista dedicaba una página a un trastorno alimenticio que parecía aumentar en número y gravedad en Estados Unidos. Se consideraba una enfermedad mental. Incluía veinte preguntas sobre los hábitos de alimentación, y aconsejaba consultar al médico si se superaban los siete síes. «¿Te atracas regularmente de comida? ¿Vomitas después? ¿Sientes que no puedes controlar lo que comes? ¿Te preocupa tanto adelgazar que interfiere en tu vida diaria?»

Yo cumplía dieciocho de aquellos requisitos. Nunca había consumido laxantes ni diuréticos, y nunca me había herido a propósito. Salvo eso, todo coincidía. Con la revista sobre las rodillas sentí cómo una nueva forma de angustia me invadía, cómo me atacaba el miedo a haber estado loca durante esos dos años, a haber comenzado casi jugando algo que prometía ser muy grave.

La ilustración del artículo mostraba a una mujer pelirroja con pies como yunques que devoraba con una boca enorme un escaparate de pastelería. Me resultó repulsiva: así me veía yo también, un túnel sin fondo, un estómago insaciable. Pensé en los alcohólicos, en cómo las últimas tendencias les consideraban enfermos, e intenté encontrar algún síntoma de dolencia en mí. No lo hallé: nunca hubiera considerado el sufrimiento mental como una enfermedad, y aunque sabía que mi comportamiento era extraño, no pensaba en él como enfermizo.

Aquel artículo tampoco hablaba de las consecuencias físicas de la bulimia (horrible palabra, con una horrible traducción, «hambre de buey». Eso era yo, una vaca, una vaca omnívora y descontrolada). No mencionaba el dolor que causaba, ni las causas que la motivaban. Se limitaba a describir los comportamientos.

Aunque el mundo cambió en muchos aspectos, en los principales ni siquiera se alteró. El hecho de saber que estaba enferma, que se podían reconocer los síntomas, no me sirvió en absoluto para modificar mis costumbres. Continué comiendo, continué vomitando, continué haciéndolo a escondidas y furtivamente, y ni mi dolor ni mi angustia se aliviaron. Si acaso, una nueva duda entró en mi mente. ¿Estaría realmente cuerda? ¿Entraba dentro de lo normal comportarse de esa manera, mantener esa distancia mental de los otros, sentirse tan sola? ¿Era común aquella sensación de desconsuelo, de desesperación, ese continuo sufrimiento? A veces me imaginaba que mi cerebro estaba al descubierto, y que una parte de él recibía un golpe: sangraba. Sólo a eso podía comparar mis experiencias.

¿Y si estaba loca? ¿Cómo reaccionarían frente a ello mis compañeros de clase? Me preocupaba mucho más la opinión de los extraños que el propio riesgo de perder la razón, tomar medicamentos o la pena de mis padres. Si estaba trastornada podía entender por qué a veces parecían existir dos Glorias enfrentadas, la que se disponía a luchar contra el peso como fuera, la que me recomendaba qué alimentos sanos tomar y cuáles no, y la que me hacía entregarme a los atracones, la que sugería medios para esconder comida y mentir a mi familia. El ángel y el diablo, las voces interiores, tan bien descritas en mis adoradas películas. ¿Y si era esquizofrénica?

Tímidamente comencé a insinuar que deseaba que me llevaran a un psicólogo. Mis padres no quisieron oír hablar del tema. Pensaban que yo tenía ya suficientes problemas con la comida y con las mentiras como para que nadie cercano se enterara de que iba a una terapia. El tratamiento psicológico, para ellos, estaba cargado de connotaciones pésimas. Pensaron protegerme de esa manera.

Pedí ayuda a una de mis profesoras, a la que admiraba, pero sin entrar en profundidades. Le hablé de depresión, de mi aislamiento, de mis ganas de llorar. Ella me dijo que mi instituto no contaba con un psicólogo, pero que si quería, ella me escucharía. Se lo agradecí, y hablé con ella, pero fui incapaz de describirle mi gran secreto.

Una revista contemporánea hubiera incluido una lista más detallada de síntomas, hubiera hablado de los daños que produce, hubiera puesto la bulimia en relación con la anorexia: aunque parcialmente, habría tratado de inferir las causas. Entonces, en el año 1991, nada de eso era común. En ninguno de los medios a mi alcance, ni mucho menos a través de mis educadores, había encontrado la menor información sobre mi enfermedad.

Sin embargo, en otros aspectos el término «bulimia» me

ayudó a saber que era posible reconocer mi dolencia. Al fin y al cabo, eso significaba que otras personas la sufrían, y que aunque extremadamente rara (de eso seguía convencida) era una manía controlable. Creo que, una vez asumí que estaba trastornada, parte del miedo, al menos el que sentía al no saber qué me pasaba, se disipó.

Controlé más o menos mi peso desde entonces, y en adelante ya nunca superé los cincuenta y ocho kilos. Mis atracones perdieron parte de su desesperación: ya no sentía impulsos de comer lo que fuera, cualquier cosa, incluso azúcar a cucharadas, sino que escogía con cierto cuidado qué iba a ser. Los alimentos casi nunca variaban. Pan y embutidos, patatas fritas y similares, los salados. Chocolate, galletas y hojaldre, los dulces. Aprendí a no asaltar las reservas de mi casa, y aunque de cuando en cuando la desesperación era tanta que recurría a ello, prefería comprar fuera las chucherías que me gustaban, de modo que no privara a nadie de nada y no viviera con la sensación de estar robando comida.

Cuando superé la selectividad estaba agotada, y unos días más tarde me encontré mal. Me sentía atravesada por un costado, como si me hubieran clavado una lanza. El médico me hizo todo tipo de análisis, revisiones y hasta una ecografía. Mientras el sensor se deslizaba sobre mi vientre untado con gel, recordé a la muchacha que había ocultado su embarazo y sonreí ante la ironía: yo, que de ninguna manera podría estar embarazada, recibía los cuidados propios de ese estado. No encontraron nada, y me recomendaron relajarme y esperar.

Mi madre me acompañó en todo momento, y contestó a las preguntas del médico por mí, como solía ser habitual. Éste no me preguntó nada en referencia a mi dieta, de modo que ninguna de las dos mencionamos los atracones. El dolor cedió al cabo de mes y medio, y, según dijo, fue causado, aparentemente, por causas psicosomáticas. Con esa conclusión se zanjó el asunto. Como si eso disminuyera su intensidad y su presencia.

La extenuación se extendía también a mi forma de vida, a lo que hasta entonces había dado por normal. El instituto dejó de parecerme el centro del universo, y ansiaba acudir a la universidad. Dejaría atrás parte de mis frustraciones, y quizá conocería a gente nueva.

Había abandonado desde meses atrás toda ilusión con Juan Manuel. Obviamente, no estaba interesado en mí: había cambiado en aquellos dos años y medio dos veces de novia sin, por supuesto, considerarme como una posible candidata. De manera imprevista me enteré de que sabía de mi debilidad. Nunca la había ocultado, precisamente porque mi objetivo era que lo supiera, pero la certeza de que él me consideraba enamorada de él, de que a sus ojos era vulnerable, me sumió en una vergüenza profunda. Comencé a evitarle, y a figurarme escenas bochornosas. Di por cierto que se habría sentido acosado, que sólo me mantenía la mirada por cortesía, y que no bien yo volvía la espalda estaría riéndose, o al menos consintiendo las burlas de sus amigos. Necesitaba sentirme importante incluso cuando me despreciaban, y prefería pensar eso a que yo le era indiferente.

Para colmo, me había hecho dolorosamente consciente de mi cuerpo en esos meses. Había salido con frecuencia con otras tres chicas, y había creído formar, como desde hacía mucho tiempo no me pasaba, un grupo con quien hablar y comportarme como realmente era. Las tres creían tener problemas de peso, y no tomaban en consideración las quejas sobre el mío, porque objetivamente yo era la que pesaba menos y la menos voluminosa. No eran obesas: mostraban un sobrepeso de unos doce o quince kilos, y sin ser bellezas tenían rostros bonitos y cierto encanto.

Junto a ellas me sentía en cierta ventaja: yo sabía que no adelgazaba porque estaba enferma, pero ellas, a mi juicio, no adelgazaban por pura ausencia de voluntad. Yo, que sabía de los esfuerzos por seguir una dieta hasta que el ánimo se quebraba, las despreciaba por no tener la fortaleza de resistirse a un bombón: volcaba en ellas toda la rabia que había sentido contra mí al no ser capaz de adelgazar con aquel dietista, y su debilidad, descubrir que engordaban tras cada dieta, como yo había hecho, me reafirmaba en mi posición de ser la delgada del grupo.

Emitían juicios inflexibles sobre sus cuerpos y los ajenos. Por ellas supe lo que eran las estrías, y las reconocí con consternación en mis pechos y mis muslos. A partir de entonces, cada vez que mi mirada caía por casualidad en el espejo fijaba mi atención en mis nuevos defectos. Fueron ellas también las que me enseñaron a detectar la celulitis. Yo sabía de los insidiosos hoyuelos, pero por más que me observaba no los encontraba. Ellas, hartas de que yo negara tenerla, apretaron una de mis piernas, como si la estuvieran ordeñando. Allí, entre sus dedos, se formaban los temidos huecos que delataban una imperfección más.

Quise morirme. Hasta entonces había fantaseado con la idea de que cuando adelgazara todo volvería a ser como antes. Ante mis ojos encontraba marcas que no se irían. Todas las revistas insistían en la imposibilidad de hacer desaparecer la celulitis o las estrías. La fuerza estaba en la prevención. Yo lloraba: en la etapa de la prevención yo me había dedicado a cebarme, y allí tenía el castigo.

Inicié la universidad con mucho miedo y un peso razonable. Mi familia había vivido como un acontecimiento el que yo ingresara en ella, y a su manera discreta, me habían hecho saber lo mucho que se esperaba de mí y la satisfacción que les causaba. Entre mi madre y yo nos habíamos provisto de un nuevo guardarropa para mí, quizá demasiado formal, pero elegante, y con vistas a que yo engordara o perdiera peso. Mi armario estaba aún lleno de ropa de mi etapa delgada, y las prendas colgaban de las perchas, como ahorcados desvalidos, esperando a que yo regresara a mi peso ideal. Parte lo ocupaba mi ropa de gorda, la de la etapa posterior, ropa que yo odiaba y que había jurado no emplear de nuevo. El resto lo completaban las prendas nuevas.

Como ya he dicho, nunca volví a engordar por encima de los cincuenta y ocho kilos. Me daba pavor pensar en ello. Tenía el convencimiento de que si volvía a superar ese peso, no podría parar, lo daría todo por perdido, y me convertiría en una obesa sin remedio. Como cuando comía y no podía cesar, como si una vez que fallara o que sobrepasara lo establecido tendría que continuar hasta reventar. Ese miedo era el mayor que me asaltaba en los ratos sueltos, peor que suspender todas las asignaturas, peor que perder a mis padres, peor que morirme; sólo había algo peor, y eso era sufrir un accidente y quedar inválida o deforme.

Por esa época había muerto bastante gente a mi alrededor: no únicamente los abuelos, los mayores, los que aguardaban la muerte o de los que se esperaba que no duraran, sino también gente de mi edad, jóvenes sorprendidos en accidentes o enfermedades, un niño debido a un descuido médico, un par de vecinos, casi todos por causas inesperadas. Mi antiguo pavor, mezclado con fascinación, por la muerte regresó. Sentía miedo a dormir, y a no poder despertar nunca. Tenía pesadillas complejas, como las muñecas rusas, en las que despertaba una y otra vez para encontrar que vivía en una realidad horrorosa. A veces, cuando caminaba por el campus, me asaltaba el pánico de no saber si estaba soñando o si había despertado. Sufría dificultades para concentrarme, y no me ocupaba de las clases ni de los libros. Confiaba en que me resultaría tan sencillo sacar buenas notas como en el colegio.

Aunque perdí el anterior grupo de amigas (ninguna de ellas estaba en la universidad, y todas habían encontrado novio, con lo que se atenuaba la necesidad de dependencia de afectos y opiniones entre nosotras), para mi sorpresa me encontré pronto formando parte de una pandilla de amigos. No se parecía en nada a lo que yo estaba acostumbrada: para comenzar, era un grupo mixto, y para continuar, el objetivo de reunirnos no era flirtear, o quejarnos. Aparentemente, nos interesaba lo que los otros tenían para ofrecer, y charlábamos durante horas, cambiábamos libros, apuntes de otros años, íbamos al cine.

Fue una revelación: de pronto descubría que no era alguien intratable y extraño, sino que mis peculiaridades podían resultar atractivas a otras personas. Para cubrir mi timidez adopté la costumbre de mostrarme extravertida, alborotadora y un poco radical, y eso me hizo ganar fama de una arrolladora seguridad en mí misma. Me gustaba aquella reputación: me gustaba creerla, y actuar con acuerdo a ella. Al fin y al cabo, no hacía sino aplicar las bases que me habían enseñado en la academia de teatro.

A la que ya no asistía. Mis padres no lo sabían, y creían que continuaba manteniendo las clases, y que progresaba. En cambio, me marchaba con mis amigos a una cafetería a charlar. Ellos pedían un café, yo un pastel. O dos. O tres. Alguna vez me hicieron bromas sobre mi apetito desmesurado, pero ninguna de ellas me pareció ofensiva. O quizá fuera que yo había ganado seguridad y no me ofendí, o que estaba tan desesperada que las asumía como naturales.

Mis amigos sabían que faltaba a la academia, y creían que debía contárselo a mis padres. La idea de enfrentarme a ellos y plantear que renunciaba a algo por lo que había insistido tanto se me hacía insoportable. No después de las disputas que habían tenido durante el curso anterior por culpa de mis hábitos alimenticios. De modo que callaba, mentía, me alegraba de que los profesores no llamaran para preguntar por mí, y me sentía aliviada, lejos de las aspiraciones de mis fatuos compañeros y la crueldad de la exhibición en el escenario.

Pese a que apenas pisaba mis clases en la universidad, encantada con la falta de control, el primer año en el campus amplió tremendamente mis perspectivas. Aceptaba sin planteármelo los velados ánimos de los profesores para que no acudiéramos a clase y las insinuaciones de que éramos demasiados, de que en especial las chicas no superaríamos la competencia de la carrera y el mundo laboral. Por primera vez me planteaba mi papel como mujer en el mundo, y veía sus desventajas y exigencias.

Comprendí poco a poco que a mi generación se nos exigían requisitos contradictorios, y que cuando cumplíamos uno era poco menos que imposible satisfacer el otro: mi carrera en la universidad me obligaba a desarrollar una agresividad que no era natural en mí, y enfrentarme en la lucha, con todas mis armas, para anular a mis compañeros. No tenía ninguna garantía de que eso mejorara cuando fuera una profesional. Las charlas dadas por arquitectas me mostraban mujeres de una obstinación y unos conocimientos inmensos, que se expresaban con argumentos casi tan acerados como los que yo fingía con mis amigos. Todas ellas estaban delgadas, y se esforzaban por cuidar su aspecto.

Por supuesto, el siguiente requisito que se nos exigía era que fuéramos dulces y ligeramente pasivas, que aspiráramos a una relación estable, seguida de matrimonio y maternidad. Lo contrario era poco femenino. Nos anulaba como sexo, nos restaba belleza.

No era posible decantarse por uno de ellos, porque los ejemplos que me rodeaban me demostraban que, frente a la opinión pública, tan fracasada se consideraba a la mujer trabajadora sin pareja como a la madre que había renunciado a trabajar por su familia. Y ante todo, había que mantener la apariencia: las madres visibles, las de los anuncios, las que pertenecían a la aristocracia o la *jet-set* conservaban la esbeltez, la sonrisa, la elegancia. Las profesionales, con aún más ahínco. ¿Qué elegir, qué elegir? ¿Cómo enfrentarse a ello con dieciocho años, una edad en la que se necesitan criterios claros y coherentes? En realidad todo consistía en ser Barbies, en poseer un cuerpo perfecto. Con qué se nos vestía, fuera de Barbie mamá o de Barbie ejecutiva, carecía de importancia.

Yo veía a mi madre, a la que siempre había adorado, y entendía bien su frustración. Intentaba ocupar el tiempo libre que yo le había dejado en algo, y por las tardes asistía a cursillos de manualidades y cultura general. Se lamentaba, a veces de manera sutil, otras sin ocultar nada, de cómo había desperdiciado su vida. Aunque siempre salvaba el que yo hubiera nacido y le hubiera dado tantas alegrías, afirmaba que desde su juventud no había hecho otra cosa más que cometer errores. No hacía falta mirar demasiado para comprobar cómo se había anulado, cómo no había conservado el menor espacio, ni literal ni figurado, para ella misma. Por mucho que la quisiera, yo no podía tolerar en mí una vida como ésa.

Discutíamos menos, aunque los conflictos por la comida no desaparecieron, y poco a poco me convertí en su confidente. Me hablaba de sus problemas, incluidos los de su relación con mi padre, y yo en un principio acogí con alegría esa confianza. Me permitía convertirme, de alguna manera, en adulta, en su protectora. Como elegí creer a mi madre, tuve que transformar a mi padre en el opresor, en quien no nos permitía cumplir a ninguna de las dos, mujeres sensibles, ninguna de nuestras ambiciones. Acumulé una gran cantidad de resentimiento secreto contra él.

Cuando yo llegaba de la universidad, mi madre no estaba en casa. Eso me encantaba, me daba cierta sensación de autonomía. Comía lo que me había dejado preparado, y, por lo general, picaba algo de la nevera o del congelador. Otras veces tiraba la comida. Me encontraba en un día de ayuno, y no quería engordar. En esas ocasiones, irremediablemente, por la noche necesitaba atracarme.

Mi vida, que estaba tan vacía que necesitaba completarla con comida, llenar los huecos con atracones, calmó un poco su hambre con la lectura de informes y ensayos sobre la mujer y sobre enfermedades alimenticias. En la universidad era posible acceder a estudios sobre la anorexia, y casi todos dedicaban una pequeña sección a la bulimia. Se la trataba por encima, y la impresión, tanto por la insistencia en ella como por los síntomas, era que la anorexia resultaba mucho más grave.

La mayor parte de los estudiosos (los libros eran antiguos, algunos de ellos meras descripciones de los síntomas y comportamientos) no ocultaban un cierto desprecio por las bulímicas. En comparación con la increíble fuerza de voluntad de las anoréxicas, las bulímicas parecían perezosas, pasivas, irreflexivas, incorregibles. Se insistía en las porquerías con las que se alimentaban, y en su falta de control, el pecado que yo consideraba más grave. Se describían sus hábitos como vergonzosos, y en consecuencia me sentía abochornada, aunque yo no cumpliera los requisitos más extremos de la enfermedad: nunca me había cortado, ni había robado comida en un supermercado, ni en casas ajenas. Nunca había comido restos de la basura, o productos para animales, o mi propio vómito.

Más adelante llegué a conocer a personas que habían hecho esas cosas, y no encontré nada despreciable en ellas. Habían perdido el límite. Habían llegado a considerar la señal normal de hambre como un fracaso, y se despreciaban mucho más de lo que cualquier investigador pudiera haber hecho.

Por primera vez sentí deseos de ser anoréxica. Al menos, ellas controlaban su vida, quizás hasta extremos peligrosos, pero ¿no era peligroso mi descontrol? Al menos, los psiquiatras les concedían que eran inteligentes y disciplinadas. Algunos apuntaban que la recuperación de la anorexia era también más sencilla, porque las enfermas, tan metódicas, sólo necesitaban cambiar de idea y luego aplicar esa constancia al tratamiento. Y además, estaban delgadas...

Leí con todo cuidado las descripciones de los comportamientos anoréxicos, e intenté imitarlos: los ayunos con agua y limón, la restricción extrema... Por suerte, me faltaban los rasgos de carácter y las circunstancias que pueden llevar a la anorexia. De otro modo, posiblemente me hubiera quedado enganchada en la terrible rueda de las dos enfermedades, con unos sufrimientos atroces, y un tratamiento mucho más largo y difícil. La vergüenza de ser bulímica no se reemplazó por el orgullo de ser anoréxica.

Cuando abordaban el tema de los atracones, encontraba por fin causas para ellos. Los científicos desvelaban lo que para mí había sido el mayor de los misterios. ¿Por qué había comenzado a atracarme, por qué a vomitar? Ellos hablaban de los atracones como reacción tras un período a dieta, cosa que tenía sentido para mí. Por aprendizaje, o por haberse dado en el entorno. Como anestésico, o como búsqueda inmediata de placer en una existencia triste y decepcionante. Y, sobre todo, por hambre afectiva, para sustituir otros afectos.

Esta última razón era la que más me satisfacía. Me permitía encontrar culpables (¿por qué los otros no me querían?) y pensar que cuando me sintiera querida mi problema desaparecería. En mi interior acusé a mis padres de frialdad y desapego. Ciertamente, mirando hacia atrás, toda mi vida había sido una infructuosa búsqueda de cariño, me decía, y olvidaba las demostraciones de afecto, explícitas o implícitas, de quienes habían vivido a mi alrededor.

Seguían sin explicarme por qué vomitaba, pero eso aún no me parecía importante. Sólo una práctica desagradable y necesaria. No encontraba otra manera de no engordar.

Averigüé que la anorexia no era una enfermedad nueva, aunque en los últimos años estaba aumentando: anoréxicas habían sido, o eso parecía, Elisabeth de Austria, Sissí, obsesionada con el ejercicio y la juventud, que se alimentaba con el jugo de la carne cruda y yemas de huevo; también Emily Brontë, con su ansia de fusión con el universo, Lord Byron, el rebelde poeta, Kafka, y un buen número de santas que se dejaban morir de hambre ofreciendo su cuerpo a Dios a cambio de su alma.

Aprendí que existieron los ayunadores profesionales, personas que mantenían un peso anormalmente bajo y se exhibían como monstruos en ferias, y que durante el período victoriano en Inglaterra una mujer bien educada no debía mostrar apetito: cuanto más pálida, delgada y enfermiza fuera, más sensibilidad y femineidad denotaba. Supe que desde el siglo XVI se encontraban casos de anorexia descritos, y que obedecían a otras razones fuera de las demandas de la delgadez actual. Aunque entonces los enfermos apenas comían y cuidaban y alimentaban a los demás, aunque compartían parte de las obsesiones, no rendían culto al cuerpo, sino a un valor místico o espiritual.

Sobre la bulimia, en cambio, el silencio. Se hablaba de los romanos y de su costumbre de vomitar tras los festejos y comilonas para poder seguir comiendo, pero no vi en ello sufrimiento, ni obsesión, sino una gula desmedida. Los primeros casos de bulimia habían sido diagnosticados en las dos últimas décadas. Un médico llamado Russell la había bautizado de esa manera en 1979.

Wallis Simpson, duquesa de Windsor, posiblemente anoréxica, hizo suya una frase que quizás otros hubieran mencionado antes: «Nunca se está lo suficientemente delgada ni se es lo suficientemente rica». Stephen King, persona exitosa como ella, pero posiblemente como ella desgraciado, añadió: «Y quien diga lo contrario nunca ha estado ni lo suficientemente gordo ni ha sido lo suficientemente pobre».

Entendía esas dos frases. Las entendía perfectamente. Hubieran podido convertirse en mi lema.

Sin previo aviso, sin que yo al menos pudiera detectar nada en el aire o en la conducta, la moda varió. Se hablaba de crisis, y de un cambio acorde con los tiempos. Fue nuevamente una revista la que evidenció ese cambio ante mis ojos:

un artículo hablaba de las nuevas modelos, del final del reinado de las bellas, y enunciaba los nombres que destacarían en las nuevas temporadas. Entre ellas, Shalom, Patricia Hartman, Amber Valetta, Debbie Dietring, Cecilia Lancellor y la figura, destacando ya entre ellas, de Kate Moss.

Pocas veces he tenido la impresión tan clara de que me encontraba ante un cambio profundo social y personal. De un plumazo, todo lo que hasta entonces se había dado por válido, por digno de adoración, caía. La belleza de las *top models* de medidas perfectas y rostros regulares se despreciaba («aburridas», decían ahora de ellas, «demasiada sofisticación», «caprichosas», «exuberantes»). El peso de las modelos, que nunca había sido similar al normal, decreció diez kilos. La propia Claudia Schiffer se tambaleó, para reaparecer en las pasarelas con siete kilos menos, dócil a las exigencias de la nueva temporada. Todos los medios de comunicación presentaban a estas chicas, algunos con ciertas dudas, y las revistas femeninas acogieron el cambio con alegría: daban por hecho que al alejarse de la perfección estándar sería más sencillo encontrar un modelo de belleza con el que identificarse.

A mí no me gustaban. Me parecieron feas, desgarbadas, y la ropa que lucían, hecha de harapos, restos hippies y superposiciones, resultaba imponible para quien mantuviera unas medidas normales. Sin embargo, estaba muy lejos de imaginar que aquellas muchachitas flacas y melancólicas, con aire desvalido y ojeroso, iniciaban entonces una influencia que no iba a disminuir en los años siguientes. Lejos de aproximar a la mujer de la calle una figura sana y lógica a la que parecerse, se nos recalcó la necesidad de perder peso.

Hasta entonces, y desde que yo tenía uso de razón, lo único que había variado de temporada en temporada era la ropa. Desde luego, en el inconsciente colectivo habitaba

Twiggy, y flacas ideales como la Audrey de *Desayuno con diamantes* o Inés de la Fressange, pero eran excepciones en un mundo de mujeres bellas y curvilíneas. Ahora, con las modelos de la época grunge, era la complexión lo que tenía que variar, y junto con el aspecto físico, la actitud. La mujer segura de sí misma había ido perdiendo puntos durante los ochenta, y la conclusión en los noventa era que el esfuerzo no había servido de nada, y daba mejores resultados regresar a la pasividad, a la doliente indefensión de las vírgenes cloróticas del siglo XIX.

Algunas de estas chicas bordeaban la más inquietante indefinición: ¿eran mujeres? ¿Eran chicos muy jóvenes? Parecía que el viejo miedo a la fertilidad que nos inculcaron nuestras madres no había desaparecido a pesar de todo. Esa nueva generación de modelos, con sus cuerpos esqueléticos, duros, sin curvas, impedían pensar en la fecundidad, en un embarazo, en la transmisión de la vida.

Las reacciones entre los chicos que me rodeaban fueron muy diversas: algunos, sobre todo los mayores, las rechazaban y se atenían al viejo tópico de que valía más tener algo de dónde coger. Los más jóvenes se rindieron sin apenas lucha. Ellos mismos se enfrentaban a las nuevas exigencias de su masculinidad, ese ser masculino sin parecer zafio, ni un bruto, ni un machista, y aquellas mujeres-niñas, adolescentes eternas que se ofrecían sin en apariencia demandar nada, les resultaban sexualmente muy atractivas. Al fin y al cabo, también este cambio de la mujer se juzgó desde la perspectiva de las apetencias del hombre, como había ocurrido con cada variación anterior. Y ellos quedaban más o menos a salvo. Para comenzar, nadie había cuestionado *su* apariencia. Desde hacía un par de siglos las exigencias físicas que se les había hecho a los hombres no habían variado.

Se le echó la culpa al sector de la moda, y más específicamente a los modistos gays, por intentar inculcar una estética andrógina y debilitada de la mujer; sin embargo, las publicaciones heterosexuales por excelencia, las revistas pornográficas, no mostraban tampoco a mujeres normales: sus pechos y labios estaban exagerados, y en gran parte de las imágenes se entregaban al hombre en actitud de sumisión o de panteras dominantes. Esa inferioridad de la mujer, tan rechazada y denostada en la teoría, se reproducía una y otra vez en anuncios, revistas, mensajes y comportamientos. Parecía imposible encontrar una imagen verosímil de una mujer, una relación entre sexos equilibrada. ¿Tanto miedo sentían a enfrentarse a una mujer real? ¿Tan profunda era la crisis de la masculinidad?

Odié a aquellas modelos. Si antes ya era difícil alcanzar al menos el peso de las anteriores, ya que no otras características, ahora esa misión parecía descabellada. Calculé cuánto debería adelgazar para tener la misma proporción de peso-altura de Kate Moss, y descubrí que tendría que bajar a cuarenta y cuatro kilos. Ni en mis más desaforadas pesadillas hubiera soñado con aquello.

En aquel momento no se me ocurrió pensar que las modelos eran mujeres bajo los mismos conceptos de apariencia y bajo las mismas presiones que yo. No pensé que pudieran ser anoréxicas (mucho menos bulímicas), que tendrían que estar eternamente a dieta, que ese ideal era difícil de mantener incluso para chicas extremadamente altas y delgadas. No creí que pudieran manipularlas. Sólo veía que se me pedía sumisión: por un lado, a los dictados de la moda y el aspecto físico, y por otro, a la vida, a mi papel como mujer. Por mucho que la sociedad fingiera adorar a la mujer, por muy femenina que la deseara y por muy fascinada que estuviera por sus distintas facetas, eso no reflejaba el menor respeto por la mujer auténtica, la verdadera, en todas sus acepciones: la pasión por lo femenino sólo incluía a quienes eran jóvenes y hermosas.

Como cabía esperar, mis amigas y yo terminamos por pasar por el aro y adoptamos, con mayor o menor resistencia, la moda que se nos proponía. Adiós a los trajes sastres, adiós a lo favorecedor. Recorrimos mercadillos de segunda mano, compramos trapos y abalorios, mucho más feos de los que nos presentaban las revistas. Parecía tan sencillo cuando ellos lo proponían: el estilo del rastro, decían, un concepto nacido en la calle, cómodo y adecuado a los tiempos de crisis, decían. Entre risas, pero sin ocultar el malhumor, nos preguntábamos dónde demonios estarían los mercadillos en los que compraban los diseñadores de alta costura.

Respecto a la comodidad, no eran ellos los más indicados para opinar. La moda masculina jamás ha sido pensada para realzar determinadas partes del hombre, sin importar que el cuerpo esté inmovilizado o incómodo. Ni tacones, ni medias reductoras, ni *wonderbra,* ni nada que no fueran camisas cómodas, vaqueros, zapatillas deportivas. El traje de hombre de negocios, si bien no permite grandes alegrías, es incomparablemente más práctico que su equivalente femenino, que incluye falda corta, medias transparentes y zapatos de tacón.

Hablaban también de cómo cada mujer creaba su propia moda, de cómo ya no había imposiciones, y yo movía la cabeza. Por entonces se comenzaba también a hablar ya de las tallas demasiado pequeñas en las tiendas, una manera subliminal de decirnos que nos sobraban kilos, y de la posible frustración que eso provocaba en las chicas, que podía abocarlas a la anorexia. Ante nuestros ojos, la ropa estaba dictaminando cómo era una persona: demasiado gorda, por lo general, o demasiado baja. O denotaba que si, como era mi caso, debía usar una talla distinta para chaquetas que para faldas, era claramente deforme.

La delgadez ya no se asociaba únicamente a la inteligencia, la profesionalidad y el control: las modelos, junto con su peso, habían rebajado su edad, fuera ésta aparente o real, en una década. Estar delgado era ser joven, y juventud y esbeltez abrían aparentemente las puertas a un mundo de elegancia y belleza, sólo posible con esas condiciones. La vida se facilitaba. Todo podría conseguirse, todo, si se estaba lo suficientemente delgado. Es decir, la delgadez se asociaba al dinero: si antes el triunfador era rico, ahora, además, debía ser joven y estar delgado. La muerte de Christina Onassis, posiblemente bulímica, había probado que las ricas también lloran. Al menos, las ricas feas.

Naomi Wolf, en su libro *El mito de la belleza,* había escrito: «Si sufrir es belleza, y belleza es amor, la mujer no puede estar segura de ser amada a menos que sufra». Para presumir, había que sufrir. Por tanto, no se admitían las quejas que conllevaba el ser hermosa. Se daba por sentado que para ser bella había que padecer un proceso doloroso, fuera dicho proceso el hambre, la cirugía o la disciplina. Ni siquiera se tomaban demasiado en serio las quejas cuando la cirugía estética resultaba fallida: *ella se lo ha buscado, quién le mandó meterse en operaciones innecesarias...* pero al mismo tiempo, esa misma ella, que ostentaba cicatrices, o sangrados, o deformaciones, recibía presiones o burlas por su anterior aspecto. La belleza exigía víctimas en su altar, fueran de un tipo o de otro.

La cirugía estética rejuvenecedora nos negaba la sensación de experimentar la madurez en el cuerpo: con la eliminación de las arrugas femeninas se borraba también el pasado y la experiencia, y se potenciaba la idea de que el proceso natural de envejecimiento, imparable e inevitable, era anormal. Se trataba, por tanto, de frenar lo ineludible. Y de crear dolor, ansiedad e inseguridad por no poder combatir las leyes naturales.

Para colmo, adelgazar se instituía en una manera más de competencia entre las mujeres. No bastaba con adelgazar: si resultaba posible, había que conseguir ser la más delgada del grupo. En cualquier anuncio, la muchacha delgada recibía miradas envidiosas y desleales de sus compañeras, incluso el abierto resentimiento, de modo que una vez más se reforzaba la idea de falta de compañerismo y maldad de la mujer.

La chica delgada, o la que lograba someter su instinto y adelgazaba se cubría inmediatamente con todos los privilegios de la delgadez, y eso, según los hombres y los medios de comunicación, resultaba insoportable para el resto de las mujeres, de modo que debía convertirse en una razón más para adelgazar. ¿Qué mujer no deseaba ser envidiada?

Comenzó a popularizarse en la televisión una pareja de presentadores desigual: la jovencita guapa y delgada, y su experimentado, viejo y a veces gordo compañero. Se hizo tan frecuente que pronto nadie se lo planteó. En ningún momento la mujer madura ganó protagonismo. Me recordaba demasiado al tópico del cincuentón acomodado del brazo de una muchachita vistosa y bien vestida, del que vimos también varios famosos ejemplos en los noventa. Según los criterios más tradicionales, él ostentaba de esa manera su poder y su riqueza. Pero ¿y ella? ¿Qué demostraba ella? ¿Y por qué todos los medios de comunicación alentaban y perpetuaban ese hábito?

El requisito de poseer buen (o incluso excelente) aspecto menudeaba en los anuncios de trabajo, fuera para ser azafata, secretaria o dependienta. ¿Para qué demonios necesitaba una telefonista ser guapa? Lo que esa exigencia motivaba era, por un lado, que los puestos fueran cubiertos no por las personas más capaces, sino por las más atractivas; y, por el otro, presionaba a los no agraciados para que consiguieran un nivel de belleza mayor. Al fin y al cabo, la cirugía, la gimnasia, la dieta y las cremas demostraban que quien no era guapo era porque no quería. Ya no había excusas. Quien no lo conseguía era por falta de voluntad, pereza o glotonería.

Como yo.

No aumentaba de peso, pero tampoco disminuía. Fiel a las reglas ópticas de la moda (las rayas verticales, los adornos discretos y los colores oscuros adelgazaban), vestí de negro durante años. Los diseñadores insistían en que no había color más elegante. Coco Chanel había jurado que vestiría a todas las mujeres de negro. Llegué a odiar el negro. El negro ocultaba, el negro negaba. Yo estaba allí, a la espera, bajo la ropa oscura. Quería cubrirme de colores, rosas, malvas, amarillo chillón, turquesa, pero no me atrevía. Como mucho, llegué al granate y al verde oliva.

Los atracones eran menos frecuentes; no volví a engullir una caja de galletas entera, pero comía de continuo, y cada pocas horas vomitaba, casi como una medida preventiva. A menudo me encerraba en el cuarto de baño de mi casa y comía por la noche el bocadillo que mi madre me había preparado para el día siguiente. Me prometía que a cambio al mediodía aguantaría sin comer, pero antes o después acudía a las máquinas de la facultad o a las cafeterías cercanas y comía, siempre una cantidad un poco superior a la normal.

Odiaba más que nunca la dependencia de la comida, y la vivía como si fuera a una droga. Continuaba imponiéndome dietas imposibles de cumplir para cualquier ser humano, y en el momento en el que fracasaba no era capaz de relativizar esa sensación: me parecía que había perdido el orgullo, que había tirado todo mi esfuerzo por la borda. Era indigna de todo respeto y me convertiría en una gorda informe porque había comido siete galletas. No conocía los puntos intermedios. Si fallaba en mis altísimas expectativas, el fracaso era absoluto y total.

Académicamente, aquel año fue un desastre. Suspendí casi todas las asignaturas, y recibí las notas con sorpresa. No podía creer que el método que hasta entonces me había permitido sacar las mejores calificaciones fallaba. Cierto que lo único que había hecho era repasar los dos días anteriores al examen y repetido un par de ejercicios prácticos, pero nunca había necesitado más. Era consciente de no haber sabido parte de las cuestiones en los exámenes, pero creía que tendría notas mediocres, nunca suspensos. Me negaba a reconocer que había considerado sobrehumanas mi inteligencia y mi capacidad de retención, y que era imposible remontar una carrera universitaria con mi sistema. No comprendía cómo personas obviamente menos brillantes que yo habían aprobado todas, o casi todas. La respuesta era que ellas estudiaban.

Las notas llegaban por correo a casa, pero yo secuestraba las cartas antes de que mis padres pudieran leerlas. Les dije que había suspendido dos, y aunque no les sentó bien, no me dijeron nada. Creyeron mis explicaciones sobre la dificultad de las asignaturas y la inflexibilidad de los profesores, y aunque no se dejaron engañar y eran conscientes de que había estudiado muy poco, me dejaron tranquila.

Mi propósito había sido organizar inmediatamente un programa de estudios durante todo el verano, con horas fijas y descansos en los días de fiesta. No presté atención al hecho de que nunca había sido capaz de adaptarme a una disciplina de estudios, y que una vez más me imponía metas con un rigor inflexible. Como era de esperar, me salté todos mis límites. Me entraba tal grado de angustia cada vez que me sentaba con los apuntes, que hacía cualquier otra cosa: dibujaba, o escribía cartas a mis amigos, a los que no vi durante el verano, o pasaba las horas con la vista fija en el papel, mientras mi madre leía en la misma habitación que yo, medio acompañándome, medio vigilando mi comportamiento.

Cuando la angustia era demasiado intensa, les decía que iba a casa de una amiga a por apuntes, o a estudiar, compraba chucherías en cualquier tienda y me iba al parque a comerlas. Me sentía muy desgraciada, y creía que cada una de mis iniciativas terminaba en fracaso. Vivía en un continuo estado de nerviosismo, porque temía que mis padres descubrieran que seguía comiendo y vomitando (yo les había dicho repetidas veces que ya no lo hacía) y ahora, además, sentía pánico a que se enteraran de que les había mentido respecto a mis notas.

No cumplí ni un solo día los objetivos de estudio, de modo que mi verano se arruinó y no aprobé ninguna de las asignaturas. Lo acepté, como era habitual en mí, con resignación, como justo castigo a no haber obrado correctamente, sin lamentarme por las horas perdidas que podría haber disfrutado aquel verano. Al fin y al cabo, ¿cómo hubiera podido disfrutar estando tan gorda? La playa, las fiestas nocturnas quedaban reservadas para las diosas esbeltas, las que aparentemente vivían una existencia plácida y sin problemas, y sabían cómo manejarse entre el ocio y los deberes.

Regresé a la universidad para repetir curso sintiéndome de antemano fracasada, y con una mentira más sobre mi conciencia: oculté a mis padres los suspensos, y les hice creer que había pasado a segundo. Tampoco les dije que ya no iba a la academia, y acepté sin un solo comentario el dinero que me dieron para la matrícula y me lo gasté en mis festines particulares. Me despertaba por la noche con pesadillas en las que me descubrían y me echaban de casa, o me presentaba a exámenes que no había preparado. Otras veces soñaba que nada de esto había pasado, y cuando me levantaba por la mañana sentía ganas de llorar al ver en qué había convertido mi vida: una serie de mentiras y de atracones. Si alguien descubriera mi podrido interior, mis nuevos amigos de la universidad huirían de mí.

A menudo intuía que, pese a vivir con el resto de la gente de mi edad, acudir a su misma clase, compartir su mismo tiempo libre, ellos estaban en conocimiento de secretos que para mí eran inimaginables. Daban por supuesto ideas o situaciones que yo ni siquiera sospechaba. Esos momentos me revelaban una Gloria ingenua, un poco infantilizada, en su propio mundo, posiblemente sobreprotegida, que daba al traste con la imagen que a mí me complacía ofrecer, madura, segura, responsable, un poco irónica y un punto agresiva. Cualquier cosa menos ser una de las dulces y parpadeantes criaturas que me rodeaban.

Uno de esos secretos era la presunción de que en la universidad todo el mundo mantenía relaciones sexuales. Con cierta perplejidad asumí que los supuestos del instituto, aquellos que decían lo contrario, ya no servían en esta nueva etapa, y me pregunté cuándo demonios habían encontrado tiempo para lanzarse al proceloso mar del sexo y convertirse en expertos en la materia.

Ya no era tan crédula como para suponer que los chicos eran versiones mías con barba y músculos, pero me costaba aceptar que el sexo fuera una fuerza tan poderosa como para determinar una relación, como para nublar la razón o como para entregarse a ella sin más razón que el placer. El sexo disociado del amor me parecía casi una perversión, y continuaba creyendo en él como una concesión que la mujer otorgaba al hombre. No recuerdo sentir deseos sexuales, o quizá los negaba tan profundamente que pasaban desapercibidos. Me gustaba coquetear, y no me negaba a jugar a la seducción, pero imponía una distancia segura mucho antes de que pudiera comenzar a sentirme en peligro.

No pasaba de figurarme las relaciones amorosas como ideas abstractas, como estructuras mentales que algún día, con el hombre adecuado, tomarían cuerpo. Después de todo, a mis ojos implicaban demasiado riesgo, dolor, la preocupación por los anticonceptivos, el riesgo de embarazo, la posibilidad de ser abandonada, de haber ofrecido demasiado a cambio de muy poco, los rumores, la mala fama. Día a día comprobaba que las chicas que mantenían relaciones íntimas con sus novios gozaban de cierto respeto, e incluso consideración; pero las que cambiaban con demasiada frecuencia de compañero no se libraban de etiquetas malintencionadas. Incluso las muchachas con un novio fijo perdían rápidamente su reputación si tras una ruptura se las veía coquetear con otros. El único seguro para la respetabilidad y para disfrutar del sexo seguía siendo un hombre, el mismo, durante el mayor período de tiempo posible.

Qué poco habían cambiado las cosas.

Ahora me encontraba en una clase en la que la mayoría de los alumnos eran un año menores que yo, recién salidos del instituto, y para mí resultaban muy obvias las diferencias. Con ellos como referencia, fui rápidamente consciente del estadio de estupidez en que se había convertido la adolescencia. Era evidente que no existían héroes, ni rebeldes, que la infancia se había reducido en duración bruscamente, y que el mundo de los mayores, con sus intereses comerciales y su amnesia sobre los auténticos intereses de los adolescentes, nos precipitaba hacia determinados valores adultos mientras nos mantenía sin responsabilidades auténticas en otros aspectos.

Uno de aquellos valores, especialmente para las chicas, era el sexo y la seducción, tan íntimamente ligados a la apariencia. No se nos concedía un momento de tregua, la captura del macho, y su conducción a la cama debía estar presente en todo momento. «Maquíllate siempre, incluso para bajar al supermercado: nunca se sabe cuándo va a aparecer el chico de tus sueños», rezaba una popular revista para adolescentes. «¿Quieres volverle loco? Aprende los trucos sexuales con los que siempre ha soñado» era uno de los titulares de portada de otra. No me refiero a las revistas femeninas adultas que yo leía, sino a publicaciones para chicas muy jóvenes, a las que se dirigían en los mismos términos que a las mayores, con cremas faciales adecuadas para su edad y mayor insistencia en ídolos masculinos jovencitos como única diferencia.

La conclusión que se extraía de ellas era que no existía valor más importante en el mundo que resultar sexualmente atractiva. Ni los estudios, ni un futuro trabajo, ni el deseo de colaborar con organizaciones humanitarias, ni la preocupación por la familia, ni la formación de lazos firmes entre las amigas, ni el respeto por otras mujeres, ni el bienestar personal. Este último podía conseguirse a través de los tratamientos de belleza o las compras. Su cuerpo dejaba de ser suyo desde que eran muy niñas y se ponía a disposición de otros. Aunque desaparecieron con los años, las dietas de alrededor de mil calorías eran frecuentes.

Tampoco la elegancia era un valor en alza: a cambio, proponían la última moda, los complementos nuevos y los *looks* extremos, que exigían invertir en ellos más dinero del que yo recibí nunca como asignación semanal. Jamás aparecían chicas rellenitas, o con aspecto infantil, con ortodoncias o acné, como es frecuente a los catorce años, sino jóvenes bellezas, calcos de las modelos adultas.

Los consejos de aquel tipo parecían olvidar que a esa misma edad los intereses masculinos son muy distintos, con una carga sexual mucho menor, y que los arsenales de seducción se desperdician en ellos. Las niñas con actitudes provocativas y aspecto de lolita tienen muchas más posibilidades de despertar deseos sexuales en hombres mayores que en sus compañeros. Ante ellos resultan mucho más vulnerables, las probabilidades de manipulación aumentan, y por desgracia, la idea de que una mujer merece una violación «porque lo iba buscando» está mucho más extendida de lo que sería deseable. No hay más que recordar algunas polémicas sentencias en las que vestir vaqueros o minifalda fue una atenuante.

Esa insistencia en maquillar a las chiquillas, en disfrazarlas de mayores, chocaba con la otra exigencia masculina: la naturalidad. Pero, por desgracia, la naturalidad no eran las piernas sin depilar, ni los dientes superpuestos, ni las gafas para corregir la miopía, o el pelo un poco fosco: la naturalidad implicaba muchas horas, muchos gastos, mucha atención. Mientras en un hombre resultaba viril y atractivo mantener una barba de cuatro días, una muchacha que mantuviera un pelo débil sin permanente, o el rostro completamente limpio de maquillaje se estaba abandonando. Una vez más, asomaba la idea de que si eran feas o poco populares, si estaban fuera del círculo social de aprobación, era porque les daba la gana.

A todos estos conceptos se le sumaban, desde una edad muy temprana, ideas poco realistas sobre la escasez de hombres, las presiones del reloj biológico, el inicio real del envejecimiento, la necesidad de estar continuamente emparejadas. Nociones como la de que era necesario mantener la inocencia, o esa apariencia, al menos, y al mismo tiempo, actuar como una mantis religiosa en la cama, eran dadas como lógicas.

Nadie pensaba en que el hecho de llegar a la edad biológica fértil y de poseer un cuerpo capaz de entablar relaciones sexuales no implicaba que mentalmente se estuviera preparado para ello. En ningún lugar se mencionaba que esas relaciones fueran algo más o algo distinto al coito: no se mencionaba la posibilidad de la masturbación como manera de exploración, ni los placeres que podían extraerse de una relación sin penetración. Nuevamente, el asunto del sexo se observaba desde el punto de vista masculino, que tradicionalmente necesitaba la penetración y el orgasmo para quedar satisfecho.

En ningún caso se potenciaba el entendimiento entre sexos, o la comprensión de las necesidades de los chicos, o la manera de exigir comprensión para las propias. La información sobre anticonceptivos o enfermedades de transmisión sexual se obviaba, o no se tocaba en profundidad. Y, por supuesto, la posibilidad de tendencias homosexuales, o de indefinición, ni siquiera se planteaba. Se daba por hecho que todas las chicas se sentían atraídas por los hombres, y que además ese deseo regía su vida.

Para colmo, cualquier idea que tuviera que ver con el cuerpo femenino y sus procesos despertaba burlas y desprecio. Yo, que como casi todas las chicas que conocía, había recibido la regla sin traumas, pero tampoco con alegría, había olvidado pronto esa sensación para limitarme a ocultarla, a que nadie notara que se daba un cambio hormonal en mí. Se hablaba con cierta naturalidad del síndrome premenstrual, pero los chicos no ocultaban su displicencia por la irracionalidad e histeria femeninas en «esos días». Cualquier acceso de malhumor o de furia era disculpado con la frase paternal y llena de sobrentendidos «estará con la regla». No parecía existir ninguna posibilidad de que los anuncios de compresas y tampones reflejaran mínimamente la realidad. Las preciosas chicas que aparecían en ellos se mostraban orgullosísimas de ser mujeres, como si la regla realzara su feminеidad, no les aquejaba ningún dolor, molestia o hinchazón, sus novios no se quejaban porque esos días las relaciones sexuales se dificultaban o desaparecían, y llevaban vidas interesantes, con muchas horas para el ocio, que no se veían interrumpidas por sus cuerpos.

O, sencillamente, se negaba su existencia. Un anuncio para una famosa marca insistió durante varias temporadas en que no pasaba nada. Por supuesto que pasaba: las mujeres tenían la regla. De todos modos, daba igual qué técnica se empleara. Aún está por aparecer el anuncio relacionado con la regla que no despierte críticas, risas, parodias o comentarios despectivos. El cuerpo de la mujer, si no está idealizado, desodorizado, limpio y sano, no merece el menor respeto.

Según me hacía más consciente de esos mensajes que yo misma había recibido a lo largo de toda mi niñez y mi adolescencia a través de cualquier rendija del interior, me resultó más sencillo comprender por qué sentía esa necesidad imperiosa de agradar a los chicos, de tener novio. No había recibido ni una sola imagen de una mujer soltera y fuerte que resultara atractiva. Y entendí también que aunque yo era especialmente sensible a las opiniones ajenas, resultaba casi imposible librarse de esa presión continua sobre el aspecto físico, sobre la belleza. Eso me ayudó a sentirme menos débil y menos culpable, y, sobre todo, me enseñó a reconocer y a rechazar esos mensajes. Por supuesto, eso no ocurrió de la noche a la mañana. Me encontraba demasiado sumida en ese ambiente, y en una edad aún muy vulnerable. Pero el proceso se inició entonces, y cada vez despreciaba con mayor seguridad las exigencias imposibles de esa sociedad.

Hasta entonces, mi salud había soportado todos los abusos de mi cuerpo sin resentirse: ni siquiera sufría de acidez de estómago. De un día para otro comenzaron los problemas. Inmediatamente después de vomitar me sentía mareada, y necesitaba beber agua. Se me hinchaban las manos y, a veces, también las piernas. Comencé a sentir palpitaciones, y el corazón se me aceleraba no únicamente tras devolver, que era algo a lo que ya me había acostumbrado, sino también durante los atracones, o sin ningún motivo, mientras caminaba o estaba sentada en clase. Sentía que no podía controlar mi cuerpo ni sus reacciones, y que algo que hasta entonces no había dado problemas se añadía a la interminable lista.

A lo largo de los cuatro años que llevaba vomitando y atracándome había creído cuidar de mis dientes: era consciente de que comía mucho dulce, y de que a veces me acostaba sin haberme cepillado los dientes, como castigo, y porque estaba demasiado deprimida y agotada como para hacer otra cosa aparte de dormir. Acudía al dentista con regularidad, y me habían tenido que reconstruir una muela empastada que se me había destrozado: le echaron la culpa al empaste, que no había resistido, posiblemente por estar mal hecho, desvitalizaron el nervio, empastaron otra muela, y ahí terminó todo. Por supuesto, no le informé al dentista de mis hábitos alimenticios, y él no pareció notar nada extraño.

Noté que los bordes de mis dientes, hasta entonces lisos, se estaban mellando en ondas, y a veces me dolían con mucha intensidad. Me sangraban las encías con frecuencia. Una de mis amigas, con una dentadura impecable, tuvo que someterse a nueve empastes en los dientes: al parecer, tenía caries en la parte interior. A veces tenía pesadillas en las que perdía la dentadura, o en las que de pronto me aparecía una caries negra y grande en uno de los incisivos, de modo que no había manera de ocultarla. Yo no sabía que la mayor parte de las bulímicas desarrollan problemas dentales, debido al continuo masticar y a los ácidos que regurgitan. El esmalte se come o salta, los dientes se deterioran, y muchas veces las piezas son irrecuperables.

Tampoco sabía que no era conveniente lavarse los dientes inmediatamente después de vomitar, como yo hacía. De esa manera, el ácido reacciona con el dentífrico sobre el diente sensible y daña mucho más el esmalte. Los dentistas recomiendan enjuagarse la boca con agua, con bicarbonato sódico, o masticar un chicle, porque la saliva neutraliza el ácido. Mis dientes perdieron toda posibilidad de tener un color bonito, y fueron sensibles en adelante, pero no me falta ninguno. Tuve mucha suerte.

En una ocasión, una venita reventó en mi ojo derecho, y durante una semana cada vez que me miraba en el espejo me preguntaba si alguna vez sanaría y volvería a su tranquilizador color blanco. No recuerdo que fuera inmediatamente después de haber vomitado, pero una de las características más frecuentes que permiten identificar a una bulímica es la ruptura de los capilares en los ojos, debido al esfuerzo.

Cada vez que mi corazón se desbocaba, se iniciaba al mismo tiempo un acceso de angustia. Creía que había desarrollado una enfermedad cardíaca, que estaba muy enferma. Comencé a controlar mi tensión, y me convertí en una hipocondríaca. Me juraba que me cuidaría en adelante, si se me concedía una nueva oportunidad. Me maldecía por no haber sido capaz de apreciar mi suerte y mi salud y haber sido lo suficientemente estúpida como para arruinarla. Imaginaba que todo se debía a que apenas tomaba verduras, y a mis costumbres con la comida, pero prefería sufrir, o incluso morirme, antes que reconocer mi enfermedad o dejar de vomitar para no engordar.

A veces he pensado cómo no se me pudo ocurrir que si mis padres no estaban gruesos comiendo y cenando todos los días era porque llevaban una dieta equilibrada, y que por consiguiente no había muchas posibilidades de que yo engordara. Durante el tiempo en que duró mi enfermedad fui incapaz de relacionar causas y efectos, como si parte de mi cerebro se hubiera paralizado.

En febrero suspendí de nuevo, y los resultados de junio me aseguraron que si no aprobaba parte de las asignaturas en septiembre me expulsarían de la universidad. De nuevo mentí a mis padres, les aseguré que había suspendido únicamente dos, y ellos, que se iban acostumbrando a que mis resultados académicos brillantes fueran cosas del pasado, no dijeron nada y accedieron a enviarme de nuevo a Irlanda durante el verano.

Un mes antes del viaje, antes incluso de recibir unas notas que yo sabía que iban a ser catastróficas, regresé borracha a casa. No había bebido demasiado, pero justo antes de mis dos whiskies acababa de vomitar, y el alcohol pasó directamente a la sangre. No había vuelto tarde a casa, porque mis padres eran aún estrictos con las horas de llegada, y mucho más en época de exámenes; saludé, y me marché a mi habitación. Allí comencé a llorar, y a lamentarme, y mis padres me descubrieron casi inconsciente, gimiendo que quería morirme y que nadie me apreciaba.

No recuerdo nada de esa borrachera, salvo que jamás me había ocurrido antes, porque nunca había sido aficionada a beber, aunque lo fingía para presumir ante mis amigos. Mis padres intentaban razonar conmigo, pero yo sólo decía que quería terminar de una vez y que mi vida no merecía la pena.

Cuando desperté sin resaca y con mucho miedo al día siguiente, mi madre me preguntó qué razones tenía para desear morir. Si me había dejado algún chico, si tenía algún problema grave, si las clases iban bien. Me enumeró las ventajas de mi vida, de ser joven, de tener toda la vida por delante, el placer de irme durante el verano al extranjero, por mi cuenta. Yo dije a todo que sí, apenas hablé de mi profunda depresión, y mis padres quisieron olvidar lo más rápido posible el incidente; aunque mi padre no era partidario de dejarme marchar a Irlanda, al final también en eso me salí con la mía.

Fue el verano más feliz de mi vida, en el que hice realmente lo que quise, conocí gente maravillosa, y me sentí libre, libre, libre. Desde el primer día utilicé todo el encanto del que fui capaz, y logré ser la reina del grupo, el centro de las clases, la chica más solicitada y querida. Aún no sé cómo lo conseguí. En las fotos de ese verano aparezco siempre en el centro de la imagen, sonriente, delgada (había bajado dos o tres kilos) y transpiro seguridad en mí misma. Había dejado atrás todas las preocupaciones y la tensión de mi vida diaria, mis padres, mis clases. Podía olvidarme de todo y ser otra yo, la que siempre había deseado ser. La opinión general era que yo era guapa y tremendamente atractiva, y apenas podía ocultar mi satisfacción porque eso fuera así.

Creía ser muy amable con todos, y no me di cuenta de que en realidad había conseguido manipular muy efectivamente a los que me rodeaban. Aunque sentía afecto por ellos, no los respetaba, y lograba de cualquier forma posible salirme con la mía. Daba por supuesto que todos estaban a mi disposición, y como era una experta en fingir seguridad y en organizar fiestas, excursiones y acontecimientos (no había dejado de hacerlo desde los diecisiete años, en aquel viaje de fin de curso al que no asistí), todos seguían mis consejos y muchos de ellos giraban a mi alrededor. Yo no podía ser más feliz, ni más egoísta.

Monté una fabulosa fiesta de cumpleaños, con excursión guiada por Dublín incluida, con globos y docenas de regalos, y con las personas más guapas y buscadas del curso. Un antiguo sueño de infancia se había convertido en realidad, y esa noche tardé mucho en dormir, emocionada hasta las lágrimas. Nos aficionamos a salir casi todas las noches a un restaurante distinto, y probé cocinas exóticas como la hindú, la japonesa o la mexicana, que eran completamente nuevas para mí. No me atracaba, y ni siquiera comía mucho, pero de todas maneras vomitaba, y me sentía cada vez más limpia y más delgada.

No deseaba volver a casa en absoluto, y les insinué a mis padres que quizá pudiera quedarme un mes más, estudiar mis asignaturas en Irlanda y regresar únicamente para los exámenes. Sabía que no podía ser, sobre todo por causas económicas, y me consolaba pensando que llevaba de vuelta unas excelentes calificaciones en inglés. Y, de todas maneras, el chico con el que había comenzado a salir allí regresaba a su país al mismo tiempo que yo, de forma que parte del encanto de Irlanda desaparecía.

El regreso no fue como yo esperaba: mis padres me aguardaban en el aeropuerto, serios, y no hicieron el menor comentario sobre mi excelente aspecto ni mi diploma. Cuando llegamos a casa, me contaron que habían descubierto todas mis mentiras. Todas ellas. Que estaba repitiendo curso, que mis notas de aquel año habían sido desastrosas, que hacía dos cursos que no asistía a la academia, que me había quedado el dinero, que les había mentido todos los días y sin el menor remordimiento.

Sentí una vergüenza inmensa, pero no negué nada. Ahora que sabían todo, sólo tenía ganas de dormir y que las cosas pasaran por encima de mí, librarme del problema, de su enfado, de su dolor, y despertar cuando todo ello hubiera acabado. Poco a poco me invadió cierta sensación de alivio, de no tener que ocultar más cosas, de estar desnuda y expuesta ante ellos y volver a ser pequeña de nuevo.

No me riñeron, ni me castigaron: obviamente mi padre estaba muy enfadado, pero no lo demostró, y mi madre se tragó la decepción como pudo. Me exigieron que estudiara y fuera capaz al menos de permanecer en la universidad, y se propusieron controlar que realmente cumplía con mi palabra.

Yo no estaba dispuesta a asumir ninguna responsabilidad. Una cosa era reconocer mis fracasos, y otra ponerles remedio. Me debatí y les engañé todo lo posible, pero ellos habían preparado su estrategia durante mi estancia en el extranjero, y me forzaron a estudiar. Yo me evadía con frecuencia, soñaba con el chico de Irlanda, sus llamadas y sus cartas, y de vez en cuando pasaba revista a los regalos que había recibido por mi cumpleaños. Aquel paréntesis de felicidad parecía cada vez más irreal, más lejano, más imaginado que vivido.

Aprobé las asignaturas justas para pasar de curso, pero el nuevo año se me presentaba muy difícil, con una cantidad de materias, entre las de primero y las de segundo, imposible de sacar en un solo año. Inicié el curso muy desanimada, pendiente del correo y el teléfono, convencida de que mi chico me llevaría a su país y me rescataría de la cruel vida que me esperaba en mi casa. No sentía el menor interés por ser arquitecta, y desde luego no pensaba en cómo sería mi expediente y cómo influiría en el futuro en mi vida. Lloraba de continuo, comía muy frecuentemente, y me daban igual las palpitaciones, el frío y la gente que me rodeaba. Nunca la existencia había parecido tan gris y desesperada ahora que mis padres conocían la verdad y no podía mantener ante ellos la apariencia de hija perfecta y responsable. Creía que habían dejado de quererme.

Por navidades volví a emborracharme; mi ligue de verano

había dejado de escribirme, y yo necesitaba evasión con mayor frecuencia. Nuevamente, me bastó para ello muy poco alcohol. No había bebido desde la anterior escena con mis padres. Cuando llegué a casa, con una sorda desesperación de borracha en mi discurso, decidieron que era el momento de llevarme a un psicólogo.

El tratamiento. Tengo solución

RAZONES PARA PASAR HAMBRE

– Porque puedo.
– Porque quiero.
– Porque si puedo lograr esto, puedo lograr cualquier cosa.
– Por toda la gente que me rodea que se morirá de envidia al verme.
– Porque me hace sentir renovada cada día.
– Porque no pienso parar.
– Porque siempre he querido ser así.
– Porque no tengo tiempo que perder.
– Porque es mi vida.
– Porque lo he elegido.
– Porque tengo la suficiente fuerza de voluntad.
– Porque estoy demasiado delgada, estoy jodida, y no pienso comer.

Y ésta soy yo, y me adoro, de modo que ¿qué pasa?

(Encontrado en una página web pro anorexia, otoño de 2001)

No sabíamos por dónde empezar. Que yo supiera, era el primer miembro de mi familia y de mis amigos que iba a un psicólogo, y aunque hacía mucho tiempo que deseaba hacerlo, no tenía ni idea de qué debía esperar de él, ni de cómo encontrar uno de confianza.

Decidimos acudir al médico de cabecera, con quien siempre me había llevado bien. Cuando mi madre comenzó a explicar el problema, él la interrumpió y quiso saber de mi boca qué me ocurría.

–Creo que tengo bulimia.

Movió la cabeza.

–No soy amigo de poner etiquetas tan pronto. ¿Qué es lo que haces?

Se lo expliqué sin entrar en muchos detalles.

–¿Condiciona tu vida normal? ¿Piensas en ello constantemente? ¿Te quedas en casa en lugar de salir con tus amigos? ¿Condiciona tus relaciones con los chicos?

Yo asentí. Me dio vergüenza que mencionara mis posibles relaciones con chicos delante de mi madre. Él dijo que debía acudir a un psiquiatra, y que no quería enviarme con este problema al centro público de salud mental. Le dedicaban poco tiempo a cada paciente, y no quería que se alargara innecesariamente mi situación. Además, añadió, acudían alcohólicos y gente con trastornos mentales severos, y no creía que eso me hiciera ningún bien.

–No es agradable –me dijo–, porque te sentirás vulnerable, y tendrás que contar cosas que te avergüenzan. Y es largo, y es caro. Pero eres muy joven, y yo siempre apuesto porque la gente joven puede recuperarse.

Preguntó a mi madre si teníamos medios para financiar un tratamiento privado, y nos facilitó el teléfono de varios psiquiatras. Mi madre insistía en el término «psicólogo» y lo hizo durante mucho tiempo. Le parecía que así suavizaba la realidad de que yo estaba enferma. Era obvio que se sentía incómoda pidiendo ayuda en ese campo, y que quería aferrarse a que mi situación no revestía gravedad.

–No tiene fuerza de voluntad para nada –se quejó, justo antes de salir–. Ni para estudiar, ni para adelgazar, ni para alejarse de la comida, ni para dejar de sentirse deprimida.

–Una persona no está enferma por falta de voluntad –contestó el médico, y en los últimos cuatro años aquéllas fueron las primeras palabras que realmente me animaban–. Una persona no es alcohólica por falta de voluntad, ni se deprime por falta de voluntad. Cuando alguien está tan deprimido como lo está tu hija, hace falta precisamente mucha falta de voluntad para continuar vivo.

Yo nunca les había comentado a mis padres que la idea del suicidio había rondado mi mente muy a menudo en los últimos meses. Muchas veces no era más que un deseo inconcreto de finalizar, de descansar sin tortura, pues únicamente encontraba paz en los momentos en los que comía. Otras veces me asustaba, y pensaba que terminaría así, y que eso destrozaría a mi familia, y que aun así no podría evitarlo, y que mi vida sería, de principio a fin, un rotundo fracaso. En aquel médico encontré la comprensión y la definición exacta de lo que sentía, y eso me animó. La primera vez que acudí al psiquiatra no podía haber estado más predispuesta a favor de un tratamiento.

Habíamos escogido una profesional muy reconocida, que seguía principios psicoanalíticos, y que me acogió sin querer definir tampoco mi problema. Decidimos establecer una sesión a la semana, en la que yo le comenzaría hablando de lo que quisiera, primero por diez minutos, luego por veinte. Me recibía y me despedía con absoluta impasibilidad, y en ningún momento de la terapia mostraba un cambio de actitud. Me sentía muy desconcertada, quizá porque había esperado una serie de soluciones, o de explicaciones de mi conducta, y lo que encontraba era que se me permitía hablar de mi vida sin intercalar una palabra. La psiquiatra no tomaba notas, y yo no tenía modo alguno de saber si recordaba o hilaba mi anterior narración con la presente, de modo que desconfiaba y no me parecía estar recibiendo una atención adecuada.

Pese a todo, deseaba tanto curarme que insistí en el tratamiento, y leí todo lo que cayó en mis manos sobre psiquiatría. Como, al parecer, toda la clave estaba en el pasado y en mi infancia, hablé de mis primeros recuerdos, de la sensación de masticar lana que me invadía de vez en cuando, de la etapa anterior a caer enferma. Yo creía que de esa manera a la psiquiatra no le quedaría más remedio que admitir que mis padres eran los culpables, que su relación conmigo me había llevado a aquello. Estaba resentida con ellos por su severidad, y por su impaciencia en ver resultados desde la primera sesión de la terapia, y deseaba saberlos implicados. La psiquiatra callaba, y yo probé por otro lado: entonces, mi desesperación debía originarse por mi poco éxito con los chicos. Le hablé de ellos, de mis romances idealizados y de los reales, del daño que me habían hecho y de lo egoístas que eran. Ella no se inmutaba.

Yo continuaba vomitando, más cuando las cosas iban mal o había momentos de tensión, y menos cuando me serenaba, y mis comportamientos de bulímica no habían variado. Lo que le contaba a la psiquiatra se lo había contado en muchas ocasiones a mis amigas e incluso a mis padres, de modo que no sabía para qué servía contarlo de nuevo. Al cabo de un año de tratamiento, decidí dejarlo, con la aprobación de mis padres. Ninguno de nosotros veíamos resultados.

Ahora sé que me equivoqué, y que la terapia psicoanalítica resulta útil como refuerzo en una terapia dirigida a los trastornos alimenticios, pero que no puede ser la base de una recuperación. Si al menos hubiera hablado de cómo me sentía, eso me hubiera ayudado a romper parte de los bloqueos emocionales en los que me encerraba. Pero lo único que hacía era narrar hechos, y dejar que ella juzgara mis emociones, como había hecho siempre con mi familia y con mis amigos. Describía una situación claramente injusta hacia mí, y en lugar de incluir mi impotencia y mi tristeza dejaba que se compadecieran de mí.

A la psiquiatra no pudo escapársele la cantidad de veces que incluía términos despectivos hacia mí y mi capacidad, y los propósitos de enmienda radicales con los que intentaba equilibrar la situación. *Tengo que, debo, no puedo seguir así.* A mí, en cambio, me costó años detectarlos. Me llevó también mucho tiempo reconocer que sentía miedo. Nadie me había considerado nunca asustadiza, porque a veces cometía auténticas imprudencias ignorando los peligros: en una ocasión intentaron atracarme, y golpeé al tipo que me amenazaba y me escapé.

Me gustaba que me consideraran valiente, y me gustaba también que alabaran lo sufrida que era: nunca me había quejado por una enfermedad, soportaba análisis y pinchazos sin un lamento, e incluso me había sometido, cuando tenía quince años, a una operación grave y general únicamente con anestesia local, para así poder colaborar más con el médico. Mis padres lo veían como un triunfo, y yo prefería sufrir físicamente a incurrir en la debilidad de quejarme.

Como era mi costumbre, consideré la terapia como un fracaso más, y no me propuse buscar ninguna otra opción, porque juzgué que también fallaría. Sin embargo, en el año en que había acudido a la psiquiatra me había hecho más consciente de mí misma, mucho más responsable y madura, y había llegado a la conclusión de que algo que había iniciado yo, sería yo también capaz de sanarlo.

Hubo algunos momentos terribles, momentos en los que la depresión me hizo tocar fondo de nuevo, pero había aprendido a pedir ayuda, a encerrarme en mi habitación con música, sí, pero también a alertar a mi madre de lo mal que me sentía. Solía ocurrirme los fines de semana, en los que lo absurdo de mi vida se hacía más evidente porque no tenía ninguna rutina ni obligación a la que atender. Un domingo por la tarde me sentí tan mal que pedí que me llevaran al médico. Me atendió un doctor de guardia, con muy pocas ganas de emplear su tiempo en mí. Le describí lo débil y triste que me sentía, le hablé de mi tratamiento psicológico por bulimia, y tras reconocerme, me preguntó:

–¿Tienes novio?

Yo contesté que no, y mi madre le miró, sin comprender. Él continuó, dirigiéndose a ella.

–Ahí está. Se queda en casa un domingo, empieza a pensar que todas sus amigas tienen novio, que ella no, y claro, se deprime. No tiene nada.

Nos mandó de vuelta a casa, sofocadas e indignadas. No pude comprender cómo un médico despachaba con un par de comentarios superficiales a una paciente de veinte años que describía signos claros de depresión. Yo me había quejado de dolor en las glándulas situadas bajo las orejas, que tenía un poco hinchadas, y él dijo que posiblemente estuviera algo resfriada. Hoy en día quiero creer que hubiera prestado más atención. La inflamación de las glándulas parótidas está considerada como una de las señales más claras de que se producen vómitos repetidos.

Durante mucho tiempo me indigné contra todo lo que me rodeaba: la sociedad, restrictiva y machista, y sus representantes. Con los mensajes procedentes de la publicidad, con la moda y las modelos, con las mujeres por mostrarse débiles y los hombres por aprovecharse de sus ventajas. Con mis padres, que no habían sabido ver mis problemas a tiempo, y sobre todo conmigo misma, que había desperdiciado los años más bonitos de mi vida encerrada en el cuarto de baño y buscando comida.

¿A quién podría pedir cuentas? ¿A quién podría reclamar por aquel tiempo perdido? ¿Al sistema educativo, que no supo prevenirlo; al sanitario, que no supo tratarlo? Las razones eran tantas, tan variados los responsables que al final nadie podía responder de nada. Aquella furia era un buen síntoma. Al menos ahora me permitía sentir algo, y me creía lo suficientemente importante como para expresar mi opinión. Comenzaba a sentir que no era un ser repulsivo y culpable, y ya no me negaba a aceptar la responsabilidad en mi vida. Estaba en el camino adecuado para recuperarme.

Coincidiendo con mi nueva actitud, los programas de televisión descubrieron un nuevo filón con el que escandalizarse de la juventud: las anoréxicas. Docenas de familias y de enfermas desfilaron por los programas de tertulias y de testimonios, y contaron sus experiencias. Todos se apenaban mucho y culpaban a la sociedad. Luego, a la moda. Luego, a los tallajes pequeños. Casi siempre se apuntaba a que la niña se había obsesionado, cosas de cría, y que se había causado su propia perdición. Con muy rara frecuencia aparecía una bulímica: se mencionaba el trastorno, pero casi siempre cuando había seguido a una anorexia. Yo, y las mujeres que padecían mi enfermedad, continuábamos siendo invisibles.

Era fácil identificarse con el sufrimiento del que ellas hablaban y con el infierno por el que habían hecho atravesar a sus padres, pero no era yo, no era mi experiencia. No había nada de vergonzoso a los ojos de la sociedad en privarse de alimento. ¿Cuál sería la reacción del público si yo confesaba mis atracones, mis vómitos, mi desesperación por encontrar cualquier alimento?

No escuché a nadie hablar de las lesiones que dejaba la anorexia: toda la información se basaba en el documento viviente y esquelético que tenían ante sus ojos. Se sabía que adelgazaban y se sabía que podían morir, pero nadie hablaba de las lesiones crónicas. Con mayor razón yo aún no tenía idea de los riesgos a los que me estaba sometiendo: aparte de las molestias que había sufrido, podía producirse un desgarro del esófago o la pared estomacal, que podría causarme la muerte, tener hemorragias internas, alteraciones menstruales. Mis niveles de sodio y potasio podían desequilibrarse, y eso no sólo causaría las palpitaciones que me asustaban, sino también calambres e infartos. El estreñimiento crónico podría desgarrar el colon, el exceso de agua para provocar el vómito o para sentirme llena me podía causar edemas e hinchazón de piernas, trastornos en los riñones y una intoxicación parecida a la etílica que podría haberme dejado en coma. Y, efectivamente, podría haber llegado a suicidarme. Un alto porcentaje de enfermas lo lograban.

No sabía nada de esto, nadie me lo dijo, y menos aún tan claramente: de haberlo sabido, posiblemente hubiera tomado conciencia de la gravedad de mi situación, y no haberlo achacado a mi debilidad, a mi hipersensibilidad adolescente o a mi imaginación. Descubrí los riesgos a los que me había sometido cuando ya había superado la enfermedad, y cuando lo supe, me eché a llorar. No sólo por mí, perdida, ignorante y sola durante tantos años, sino por todas aquellas que se habían quedado en el camino, por las que se quedarían, por las que se preguntaban, después de haber vomitado, por qué les pasaba aquello si ellas sólo querían estar delgadas.

Me consta que las reacciones son distintas en la actualidad, en el año 2002 en el que escribo. Pero en un pasado muy cercano, hace únicamente seis o siete años, yo no encontré otra salida que luchar en solitario.

Si se repitiera mi caso, posiblemente mis padres estarían mucho más alerta a mi comportamiento. Quizá se hubieran negado a verlo durante algún tiempo, pero la reacción más normal hubiera sido enfrentarse a la realidad de que la niña sufría un trastorno alimenticio, y que no era momento de arrojarse las culpas el uno al otro, sino de buscar una solución. Espero que hubieran sido capaces de comprender que los comportamientos que más les habían dolido, las mentiras, el ocultamiento y la falta de responsabilidad, habían sido causados por la enfermedad, y no al revés. Que vieran que yo no era una mala persona, sino una chica muy joven que se enfrentaba a una dolencia que cambiaba su personalidad y sus costumbres.

Espero que se sobrepusieran a la dura convivencia conmigo y que supieran descubrir que pedía ayuda desesperadamente, que me enfrentaba a problemas que no sabía resolver, y que para ello acudía a la comida. Y, sobre todo, que en ningún momento me hubieran ayudado ni alentado para hacer una dieta.

Me gusta imaginarme la confrontación a la que, antes o después, tendrían que someterme. En ella mis padres se mostrarían firmes y unidos, con un único criterio. No me juzgarían ni serían irónicos, no me obligarían a confesar que les había mentido con anterioridad y que les estaba ocultando la realidad, sino que hablarían de lo que temían, y me expondrían ejemplos evidentes de que mi comportamiento no es normal. Y me propondrían buscar una solución, que pasaría no únicamente por un tratamiento psicológico, sino por una variedad de puntos que tendríamos que afrontar.

La aparición de un trastorno alimenticio en una familia puede alterar totalmente y para siempre las relaciones que se habían creado entre sus miembros. A veces, los padres y los hermanos sólo perciben el problema de la paciente, pero hay que tener en cuenta que por lo general la hija enferma está mostrando de una manera evidente los conflictos, no siempre obvios, que hay en la familia. Tampoco es justo ni realista culpar en exclusiva a la familia de la bulimia de esa chica. Por muy desastroso que sea el ambiente en casa, todos los expertos están de acuerdo en que para que se dé un trastorno alimenticio tienen que ocurrir una serie de circunstancias, influencias externas e internas; no aparece por una sola causa.

Si se aborda de un modo constructivo, la terapia de la hija puede ayudar también a sanar los problemas de la familia. No es infrecuente encontrar trabas en las relaciones entre ellos, e incapacidad para expresar los sentimientos. En muchos casos, los problemas no se dan únicamente en la muchacha, y es toda la familia la que tiene que cambiar.

En un caso así no basta con que los síntomas desaparezcan. La tendencia permanece. Mi familia se sintió tan aliviada cuando dejé de atracarme y de vomitar que consideró que el caso estaba cerrado. No cambiaron sus relaciones entre ellos, ni variaron su conducta. No supieron cómo, y no fueron capaces de ello. Hicieron siempre las cosas como creían que era lo correcto, y sería absolutamente injusto por mi parte el juzgarles o culparles. Pero de esa manera dificultaron mi camino y mi recuperación fue mucho más lenta y dura, porque tuve que llevarla en solitario, y porque debía enfrentarme a una situación familiar no resuelta.

Me gustaría también pensar que la conciencia de que la enfermedad está tan extendida que animara a mis amigas a prestarme la ayuda adecuada. Eso supondría que ellas mismas no estarían absorbidas por dietas y por la atención a su cuerpo, o que sabrían ver por encima de eso que mi comportamiento no era el normal: y habrían hablado con mis padres, por mi propio bien, sin temor a que yo me enfadara o a que ellos no prestaran atención. Yo me mostraba mucho más abierta y expansiva con ellas, y les habría resultado más fácil que a mi familia detectar un patrón de conducta. Con eso tal vez me hubiera ahorrado meses o años de sufrimiento.

Sin embargo, yo no tuve esa suerte. Desorientada, sintiendo el rechazo o la incomprensión de los médicos, avergonzada por mi comportamiento y con casi seis años a mis espaldas de obsesión por el aspecto físico, la comida y la liberación de esa comida, creía que no tenía muchas posibilidades de recuperación. Sabía que la enfermedad podía haberse cronificado, y que corría el riesgo de vivir así toda mi vida, pero aun así pensé que tenía que existir algún medio para atenuar el dolor y el sufrimiento y adquirir una calidad de vida razonable.

De modo que me olvidé un poco del aspecto meramente estético y comencé a preocuparme por mi salud. Me propuse no vomitar, comiera lo que comiese. No vomitaría, y no picaría entre horas. Me resultó mucho más fácil no saltarme la rutina de tres comidas principales que no devolver. La sensación de estómago lleno me resultaba insoportable, y me asaltaban las ideas más angustiosas: engordaría, echaría todo a perder, prefería morirme de un infarto que estar gorda... Los dos primeros meses fueron de una lucha constante, y aun así, vomitaba casi la mitad de las veces.

Me esforcé en no verlo como un fracaso: pensé en qué ocurriría si uno de mis alumnos cometiera un fallo similar, y cómo lo afrontaría yo. No sacaría nada chillándole y aterrorizándole, y amenazándole con matarle de hambre para compensar. Muy poco a poco fui capaz de sentir compasión por mí misma, y de tratarme con cariño. Ya que yo era la que imponía las normas, no tenía sentido creerse una víctima, y aprendí a pactar conmigo misma: está bien, vomitaría porque había comido demasiado pan al mediodía, pero a cambio me lavaría el pelo con crema hidratante y me dedicaría a peinarlo durante un buen rato antes de irme a la cama.

Al principio no encontraba las fuerzas suficientes como para cumplir mis promesas. Sencillamente, estaba demasiado cansada, o me despreciaba demasiado. Pero aprendí a recordar que ya no era una niña, que era responsable de mí misma, y que no quería estar enferma el resto de mi vida.

Si hubiera encontrado un psiquiatra que siguiera la línea cognitivo-conductual, me hubiera resultado mucho más fácil: hubiéramos desarrollado juntos estrategias prácticas que me habrían permitido enfrentarme a esos momentos de tensión en los que necesitaba atracarme o vomitar.

O si, aún mejor, hubiera tenido a mi alcance un centro de día para trastornos alimenticios, me hubieran enseñado técnicas para liberar el miedo, hubieran reconducido mis hábitos alimenticios y tratado mis problemas psicológicos.

Hubieran incluido terapias de grupo, de modo que no me hubiera sentido tan sola, de relajación, quizá con musicoterapia, y me hubieran apoyado. Yo entonces ni siquiera sospechaba la existencia de estos centros de recuperación: no existían tantos como ahora, por muy escasos que puedan parecer a quienes sufren estos problemas.

Cuando ahora echo una ojeada a los programas de recuperación de los hospitales y los centros privados me reconforta descubrir que intuitivamente seguí los pasos que ellos mismos recomiendan. Por ejemplo, como modo de reconciliarme con mi cuerpo, me apunté a un gimnasio para hacer un poco de ejercicio, después de años de haberlo evitado. A propósito acudí a un centro en el que nadie hacía alardes de caros conjuntos deportivos o cuerpos perfectos. No necesitaba más estímulos para competir o para sentirme mal. Era torpe y lenta, y nunca podré decir que me gusta el ejercicio, pero mi cuerpo aprendió a moverse de nuevo, a sentir la sangre bombeando y yo aprendí a considerarlo no un estorbo, sino un medio.

Dejé de pesarme. No extraía el menor placer de ello, e incluso cuando había adelgazado, esa idea y la obsesión por no recuperar esos gramos no me abandonaba en todo el día. Por la ropa sabía que oscilaba ligeramente de peso, pero aunque la tentación fuera grande, decidí ser algo más que una masa de kilos.

Continuaba teniendo problemas para evitar los vómitos. A menudo lo lograba, pero sólo a fuerza de regurgitar y masticar durante horas la comida, y eso no me dejaba satisfecha. Decidí, no sé muy bien en base a qué asociaciones, dejar de hacer dieta. Al fin y al cabo, ¿qué clase de dieta era aquélla, restricciones por un lado, abusos por el otro? Un cálculo no muy elaborado me permitía saber que aunque comiera unas raciones normales no iba a exceder el número de calorías que ingería en un atracón.

Abandonar la dieta y comer de nuevo los platos que se presentaban en la mesa supuso un antes y un después. Mis padres, que hasta entonces se habían mostrado recelosos, se relajaron, y yo pude ver cómo recuperaba la cercanía y la confianza en mi madre, que era al fin y al cabo quien se encargaba de alimentarme. Me había mantenido sana y en forma durante catorce años de mi vida. ¿Por qué no había pensado en eso antes? A cambio, mi madre dejó de controlar las porciones que me servía, y como yo procuraba sentarme a la mesa siempre acompañada por alguien, recuperé el placer de comer como acto social. Ya no tragaba a escondidas, o de pie, o caminando por la calle. Ya no hacía falta, y para colmo, me sentaba mal.

Cuanto más se normalizó mi alimentación, y cuanto menos pensaba en qué iba a comer ese día (delegaba esa responsabilidad en mi madre) menos impulsos de vomitar tenía, y menos razones para atracarme. Los problemas de los dos primeros meses por mantener la comida en el estómago remitieron poco a poco, y al cuarto mes era extraño que vomitara. Continuaba con mucho miedo a engordar, pero lo cierto es que no había aumentado de peso, que mi piel y mi aliento habían mejorado, y que sentía mucha más energía.

Enseguida fui capaz de reconocer los alimentos que me sentaban mal, y admitir que no debía tomarlos. La mantequilla, por ejemplo, la nata, un exceso de frutos secos, cualquier alimento aceitoso, y el alcohol, aunque fuera emborrachando un pastel. Hice un esfuerzo por incorporar más verdura, y no tantos hidratos de carbono, y para mi sorpresa descubrí que no me gustaba tanto el chocolate como creía.

Lo cierto es que me dejaba un gusto arenoso en la boca, y acidez en el estómago.

Extrañamente, parecía que si me permitía a mí misma consumir los alimentos prohibidos, es decir, aquellos con los que me atracaba, perdía el interés por ellos. ¿Qué mérito había en devorar algo a lo que tenía acceso siempre que quisiera? Cada uno de aquellos pasitos me llenaban de alegría, y de orgullo por mí misma. La primera vez que rechacé una porción de pastel porque no tenía ganas, y no por quedar bien, estuve a punto de llorar de alegría. Había vuelto a sentir hambre y saciedad, y había aprendido a hacer caso a esas señales.

Me di cuenta de que cuando me aburría comía más: había convertido la comida en el modo de llenar esos espacios vacíos, y cuando me detuve a analizar la situación con más interés, descubrí que no tenía una sola afición. No había heredado ninguna de mis padres, y todo lo que hacía, las clases de la universidad, las que yo daba, el gimnasio, estudiar idiomas y hacer los deberes, eran obligaciones. Durante algunos días me dije que no tenía tiempo, sabiendo que era una excusa: en mis fines de semana, exceptuando los ratos con mis amigos, no me quedaba nada que hacer. Decidí invertir un poco de dinero en óleos y telas, y me apunté los sábados por la mañana a clases de pintura.

Las dos horas de la lección pasaban como un soplo, y tenía una ocupación interesante y que me absorbía por completo para el resto del fin de semana. Había decidido no salir demasiado, porque casi todos los encuentros con mis amigos ofrecían ocasiones para comer y para beber, y las dos borracheras del año anterior me habían asustado. Sabía por un manual que muchas bulímicas eran parcialmente alcohólicas.

Además, de vez en cuando salía a dar un paseo largo, con mis padres o con alguna amiga: me gustaba más que hacer ejercicio en el gimnasio, y me ayudaba a despejar la mente.

Del mismo modo que se había producido un efecto dominó cuando las cosas habían comenzado a empeorar, y todo se había visto implicado y se había desmoronado, cuando tomé esas decisiones el resto de mi vida se vio alterado: me sorprendí sintiendo más interés por los estudios, y con mayor capacidad de concentración. Aunque seguía siendo perezosa para estudiar, ya no posponía las cosas de aquella manera, y los exámenes me daban menos miedo. Nunca logré que mis padres me creyeran de nuevo cuando les decía que había estudiado, y tuve que presentarles los certificados de las notas para que se convencieran de que realmente había aprobado, pero tuve que reconocer que me había ganado a pulso aquellas sospechas.

Eliminé tantas preocupaciones con este comportamiento, que me resultó más sencillo dormir, y las pesadillas desaparecieron casi por completo. Me enfrentaba a las situaciones conflictivas con más calma, y me notaba menos estresada.

Ese verano me arriesgué a pasar nuevamente el verano en el extranjero, y regresé a Irlanda, pero no ya como estudiante, sino como monitora. Por primera vez me detuve a pensar si realmente me convenía aquella estancia, en lugar de huir de mi situación, mi país y mis problemas atropelladamente. Era mucho más consciente de los riesgos físicos y psicológicos que corría, y cómo éstos podían intensificarse si me encontraba en circunstancias inusuales. Lo había comprobado en mis anteriores estancias en el extranjero: durante la primera elaboré toda una teoría sobre la obesidad, y comí sin tregua como rechazo a ese miedo, y durante la segunda desarrollé mi capacidad de manipulación y autoengaño con tal de sentirme aceptada.

Creí que merecía la pena arriesgarse, posiblemente por ese desprecio ante las situaciones peligrosas que siempre me había caracterizado. Aunque no recomiendo en absoluto a alguien en mi lugar que siga mi ejemplo, porque realmente la presión es excesiva, y hay que afrontar que se tiene un trastorno de salud que impide hacer ciertas cosas, mi experiencia fue positiva. Tuve que afrontar la responsabilidad de un grupo de cinco niñas, y eso me hizo olvidarme de mí misma y mis problemas para dedicarme a solucionar los suyos.

No me divertí, y las niñas, con sus opiniones sinceras y crueles, y con su modo de otorgar o retirar el cariño dependiendo de las circunstancias, me hicieron revivir los tiempos más duros de mi niñez, aquellos en los que deseaba ser una actriz de cine y evadirme de las críticas de mis compañeros de clase. Descubrí, sin embargo, que era mucho más madura de lo que pensaba, y que de tanto insistir en que era responsable, había acabado por serlo. Además, las niñas no me juzgaban por mi aspecto, y el colegio en el que trabajaba no daba la menor importancia a que se fuera o no atractiva.

Me atraqué de comida dos veces, y las dos veces vomité, pero mientras lo hacía no me desesperaba, no ocultaba el problema, sino que pensaba en cómo solucionarlo. Comer ya no me servía de pantalla, y hacerlo de ese modo me parecía una tontería. Me sentía sola, me hubiera gustado dar un par de bofetones a una de las niñas, pero eso era todo. Sabía que al final del verano aquello terminaría, y yo recibiría un sueldo y habría tenido una experiencia interesante que incluir en mi currículum. Había aprendido a no dejarme llevar por las emociones inmediatas y a pensar en las recompensas a largo plazo.

Por primera vez desde que tenía dieciséis años el verano finalizó y yo no me sentí fracasada. No me había propuesto adelgazar, y por tanto no había incumplido ningún propósito. Me despojé de toda la ropa negra que detestaba, y compré algunas faldas cortas de colores, dispuesta a enfrentarme y a aceptar la parte de mi cuerpo que más odiaba: mis piernas.

Las primeras veces que salí con la ropa nueva a la calle evitaba los espejos y procuraba moverme lo menos posible. Luego descubrí que, la verdad, mis piernas no eran tan feas, y aunque continuaba sintiéndome incómoda si me observaban e incapaz de mirarme en un espejo de cuerpo entero, acepté que podría resultar atractiva para algunas personas. El proceso no debía ir tan mal, porque uno de mis amigos se me declaró, y recibí un par de propuestas más. Sentía mucho miedo a involucrarme en una relación, y a tirar todo lo que había conseguido por la borda si él me abandonaba, o si discutíamos, pero decidí intentarlo: no era un chico especialmente guapo, lo que rompía la tendencia de mis relaciones anteriores, pero nos llevábamos estupendamente, y realmente se esmeraba en tratarme bien, lo que tampoco era frecuente en el pasado.

Aún sentía enormes dificultades para expresar mis sentimientos. Era incapaz de decirle a alguien que le quería, aunque se lo hiciera saber por mis actos, o a través de otras personas. No encontraba valor para indignarme y mostrarme enfadada: aún me asustaba la desaprobación de los otros. Yo había descubierto que existía un nexo muy cercano entre los sentimientos que no manifestaba y mi manera de comer.

Comía para consolarme, pero también cuando estaba enfadada y no lo demostraba, cuando hubiera deseado expresar mis puntos de vista y me habían avasallado. Deduje que si lograba la confianza suficiente como para opinar de manera sincera, o para reconocer que no sabía nada del tema, o para callar y no acaparar la conversación, habría avanzado otro paso.

No me consideré curada únicamente por haber dejado de vomitar y atracarme: sabía que no bastaba con eliminar el síntoma, que debía aprender maneras nuevas de enfrentarme a los conflictos, y que, efectivamente, sería un camino largo. Sabía que durante cierto tiempo, o quizá toda mi vida, tendría esas tendencias, y que era posible luchar contra ellas. De modo que cada vez que sufría una recaída, y comía demasiado, no lo daba todo por perdido. Al día siguiente sería posible continuar con la cabeza alta. Un desliz no era el fin del mundo.

Mi capacidad para detectar mensajes manipuladores en la televisión y la publicidad aumentó, y me acostumbré a desdeñar ese chantaje emocional, y a reconocer las imágenes modificadas por ordenador, o a desechar las situaciones improbables. Casi en cada capítulo de cualquier serie era posible ver a mujeres consolándose de las penas mientras se atiborraban de helado o tarta de chocolate, sin que engordaran jamás. Antes, cuando fumar era una provocación, se libraban de las frustraciones exhalando humo. Ahora que la presión hacia los fumadores había aumentado, nos mostraban a comedoras compulsivas.

A lo largo de todo ese curso, y hasta que cumplí los veintidós años, las cosas regresaron progresivamente a su lugar, y no sé exactamente cuándo dejé de preocuparme por la comida y por mi peso a diario. De vez en cuando la obsesión regresaba, pero nunca con la intensidad ni la duración anterior. Tenía cosas más importantes de las que ocuparme, una carrera, reconstruir la relación con mi familia, unos amigos, una relación afectiva. Entonces, sin grandes entusiasmos, cautelosamente, me consideré curada.

El trastorno había durado siete años, me había robado siete años de mi vida. Un maleficio de bruja malvada. Los maleficios se desvanecen cuando se pronuncia en alto la palabra adecuada: en este caso, bastaba con gritar «¡Ayuda!».

La vida tras la bulimia. Tengo futuro

EL ADICTO AL CRACK

Mira al pobre adicto al crack: se tambalea a través de la ciudad,
con el corazón debilitado por las drogas,
y ni siquiera repara en que su adicción le matará muy pronto.
¿Por qué lo probaría? ¿Le queda alguna esperanza?
¿Quién viviría una vida de adicción que le hiciera así de miserable?
Apuesto lo que sea a que tú, no. Entonces:
¡¡¡DEJA LA COMIDA INMEDIATAMENTE!!!
¡Es tan perjudicial como el crack! Si pruebas una poca, querrás más.
¡Nunca tendrás suficiente! Es una adicción, y no podrás controlarla.
¡Detente ahora!
La menor señal de comida puede convertirte en adicta.
Debes tener mucho cuidado y decir que no.
¿Qué? ¿Ya eres una adicta? ¡Oh, no...!
Está bien, te contaré un secreto.
Yo también, pero me estoy recuperando.
Cada día como menos, de modo que habrá un punto
en el que ya no lo necesitaré.
La recuperación no es fácil. Pero todos podemos hacerlo.

Recuerda que la comida es como el crack:
ahora puede gustarte, pero pronto querrás más.
Y cada mordisco es un paso más hacia la degradación.

(Encontrado en una web pro anorexia, invierno de 2001)

Desde hace casi ocho años llevo una vida absolutamente normal. No he sufrido recaídas importantes, aunque sí algunas situaciones en las que comí más de lo normal y me vi tentada a vomitar. Una de ellas fue la muerte de un pariente cercano, que me dejó devastada. Durante dos días, en lugar de llorar comí. Otra, la salida de la universidad, la consecución de mi primer trabajo y la marcha de casa de mis padres en muy poco tiempo. No llegué a atracarme, pero durante las primeras semanas me alimenté con comida basura y chucherías. El tercer momento crítico se dio durante un breve viaje a Estados Unidos, en el que debía defender uno de mis proyectos, y que estuvo plagado de dificultades, zancadillas y soledad. Nuevamente me atraqué y vomité en varias ocasiones durante tres días.

He sido capaz de controlar estos momentos, porque he asumido que la comida no es el problema, sino un síntoma. Algo va mal, y mi manera casi inconsciente de reaccionar es premiarme y refugiarme en la comida. Después de siete años de dolencia he aprendido que no sirve para nada, y que el único modo de solventar ese problema es enfrentarme a él.

Mi gran punto flaco son las emociones. No soporto sentir dolor, y mi resistencia a la frustración es muy baja. Con tal de que los acontecimientos a mi alrededor no me dolieran, inventé una tortura constante que me distrajera de la realidad. Sigo sufriendo y siendo hipersensible, y he de protegerme ante las críticas, porque sé lo mucho que me afectan, pero a cambio he aprendido a canalizar esa misma sensibilidad y a hacerla más profunda.

Intento no caer en tópicos ni adjudicarme etiquetas: tímida, segura, fuerte, desorganizada... en algunos sectores de mi vida me siento tremendamente vulnerable, como en todo lo que tiene que ver con mis afectos. La relación con mi amigo duró dos años y se deshizo con cordialidad, y desde entonces he tenido varias más. Unas han sido más satisfactorias que otras, y por supuesto, siento miedo a comprometerme y a ser herida, a sacrificarme a favor del otro, como mi madre hizo, o a no involucrarme lo suficiente y espantarle. Tengo dificultades para negarme a un favor, aunque me perjudique, y aún busco la aprobación de mis padres.

En el ámbito profesional, en cambio, me siento mucho más afianzada, y disfruto empleando mi cerebro y mi creatividad para trabajar. He conseguido buena reputación y un éxito moderado en relativamente poco tiempo, y tengo grandes ambiciones para el futuro.

Procuro mantenerme ocupada y hacer las cosas que me gustan: disfruto cocinando, viajo siempre que puedo, y no he abandonado la pintura. No siento la necesidad de ser la mejor en lo que hago. Los niños juegan así: sin enemigos.

Mantengo un peso estable entre cincuenta y dos y cincuenta y cuatro kilos, es decir, más o menos lo que pesaba a los catorce años, antes de iniciar ninguna dieta y de enfermar. No siempre me siento bien con mi cuerpo, y a veces desearía poseer las largas piernas de potrillo de las modelos, o sus caderas inexistentes, pero por suerte he admitido que soy mucho más que mi cuerpo o que las dimensiones de mis caderas.

Creo que soy una persona afortunada; después de muchos años de sufrimientos fui capaz de liberarme de una situación angustiosa, y mi salud, tanto física como mental, no se resintieron demasiado. No perdí nada irrecuperable, salvo el tiempo. Muchas otras chicas no tuvieron tanta suerte. Cuando recuerdo aquel período muevo la cabeza: me siento furiosa, indignada. Ahora, desde mi perspectiva de mujer adulta, quisiera hacer lo posible para prevenir esta dolencia, y para evitar que tantas otras chicas la sufran. Las palabras también sirven, y por eso he querido contar mi historia.

OTRAS VISIONES DEL INFIERNO

Linda

Del mismo modo que no existe una única razón por la que se inicie la bulimia, no existe tampoco un único perfil de enferma. Las chicas como Gloria, que sufren gran parte de los síntomas, pero que no han necesitado ser ingresadas, o que no han atentado directamente contra su vida, son, por suerte, la mayoría, pero existen otras enfermas que viven su dolencia con un sufrimiento extremo, y que necesitan expresarse de manera más agresiva o más destructiva.

La automutilación, por ejemplo, es relativamente común en casos de bulimia, y también con la anorexia, y causa terror a los padres. ¿Cómo es posible que su niña desee causarse tanto daño, y que aparentemente disfrute con ello? ¿Estará loca? ¿Será masoquista? Su particular visión de la vida lleva el dolor y la huida de la realidad a un punto incomprensible para los demás.

Conocí a Linda hace seis años, en Cheltenham, Inglaterra, cuando trabajaba en una tienda de discos y era una chica atractiva y muy delgada que se llevaba bien con sus compañeros e intentaba ahorrar para ir a la universidad. Decidimos cartearnos, porque ella deseaba aprender español, y hace tres años me habló de sus problemas con la comida y con la automutilación. No podía creer que aquella joven tímida y educada escondiera esos secretos, en apariencia tan difíciles de ocultar. Me mantuvo al tanto de sus progresos y de sus dudas, y me puso en contacto con otras personas que ejercían la violencia sobre sí mismas. Tuve que admitir que resultaba más frecuente de lo que yo pensaba.

En la actualidad Linda cursa el último año de Psicología. He elegido su testimonio porque presenta una evolución más o menos completa: el resto de las chicas que reconocieron infligirse heridas no eran capaces de explicarse claramente, o llevaban tan poco tiempo haciéndolo que aún intentaban comprender qué les ocurría.

La traducción es mía.

No conozco los datos en Inglaterra, y no creo que existan estadísticas oficiales actualizadas o fiables. Se considera que en Estados Unidos un 0,5 % de las mujeres menores de treinta años se hieren cortándose o quemándose. Eso supone que una de cada doscientas jóvenes utiliza la violencia sobre su propio cuerpo: los psiquiatras sospechan que muchas de las jóvenes que denuncian haber recibido malos tratos pero que son incapaces de dar el nombre de su maltratador, y que presentan cortes, moratones y quemaduras, sufren en realidad esta dolencia. Ese comportamiento no hace ningún bien a las auténticas mujeres maltratadas, porque levanta sospechas acerca de ellas, y tampoco a las enfermas: el silencio y el ocultamiento no han curado hasta ahora ninguna enfermedad.

No todas las anoréxicas o bulímicas se mutilan, pero casi todas las chicas que se cortan o queman a propósito y de manera continua sufren algún trastorno alimenticio. Yo, por ejemplo, fui anoréxica. Logré superar la enfermedad y la automutilación, pero no del todo, porque sufro desde hace tres años de bulimia. Aún no sé expresar mis sentimientos, especialmente los que más me duelen, de una manera que no me dañe. No puedo hablar de ellos, nunca he podido, y cortarme era un modo de expresarlos. Creo que de esa manera me liberaba de esos sentimientos e intentaba al mismo tiempo pedir ayuda.

Mis padres lo sabían: todo el mundo lo sabía. Me cortaba en la zona de las muñecas, con largos cortes siguiendo la línea de las venas. Tardaban mucho en cicatrizar, de modo que durante todo el verano era posible ver las marcas rojas recientes y las huellas blancas de las que ya habían curado. A todos les horrorizaba: «¿Cómo puedes hacerte esto, Linda?», preguntaban; pero entre el asco y el horror yo descubría otros sentimientos: me admiraban por mi resistencia al dolor. Ellos no serían capaces de hacerlo, y eso me daba cierto poder sobre mis padres y mis hermanos. Cuando descubrí que mis dos primas pequeñas querían imitarme no me sentí culpable, aunque todo el mundo creyó que yo era una mala influencia. Yo sabía que no lo harían: eran demasiado felices como para necesitar expresarse de esa manera. Por suerte, tuve razón.

He conocido a más de veinte personas que hacen, o hacían, lo mismo que yo. De alguna manera, parece que nos atraemos entre nosotros. El único chico era americano, aunque vivía en Londres desde hacía dos años. Llevaba el pelo largo, y le gustaba la estética de las bandas heavys, pero cuando se le trataba se revelaba inmediatamente como un hombre dulce e inseguro, mucho más tímido de lo que parecía. Solía cortarse en los antebrazos, cortes pequeños y muy profundos, e intentaba crear un dibujo, una especie de signo japonés. Me contó que había vivido con un padrastro muy violento, y que había comenzado a cortarse a los siete años de edad.

La automutilación, como la anorexia, tiene siempre que ver con el dolor y la manera de expresarlo. Cuando el dolor o la angustia resultan demasiado intensos, una persona hace cualquier cosa, cualquiera, con tal de que se vayan. Eso incluye matarse de hambre. Eso incluye un comportamiento sexual sin precauciones. Eso incluye vomitar. Eso incluye consumir drogas, o beber. Eso incluye cortarse o quemarse. El problema está en que esas soluciones sólo aportan remedios temporales. Y que resultan adictivas, porque todas ellas proporcionan un alivio rápido y momentáneo.

Sí, incluso el cortarse: el cuerpo segrega una serie de opiáceos para compensar el dolor, y esas sustancias funcionan básicamente como una droga, como un calmante intenso. Los romanos lo sabían muy bien cuando eligieron cortarse las venas como la forma más dulce de morir. A los esclavos los ahorcaban, pero los nobles preferían otras maneras menos rudas.

Y cuando la crisis regresa, el primer impulso es volver a acudir a esos remedios. Siempre. Una y otra vez. Pero insisto, no soluciona nada. Si quemarse o cortarse sirviera de algo, con cortarnos una vez, aunque fuera hasta el hueso, estaríamos vacunadas. No son más que atajos que llevan al sitio equivocado.

Además, aunque no queramos verlo, ni siquiera pensarlo, el riesgo de muerte es muy real. Es frecuente desmayarse tras un corte (a mí me ha pasado en muchas ocasiones), y si no despiertas a tiempo, o te encuentras demasiado débil, lo más probable es que mueras desangrada. Incluso aunque no mueras, hay otro tipo de posibilidades: anemia, colapsos, y todo tipo de dolencias que aparecen cuando el cuerpo se queda sin sangre. Si en lugar de cortarte eres aficionada a quemarte, puedes desarrollar resistencia a la cicatrización, y encontrarte con quemaduras abiertas y dolorosas durante años. Créeme, no es nada agradable. Duele. Y habíamos quedado en que lo que no queríamos es sufrir. Cualquier cosa antes que sufrir.

La mayor parte de nosotras hemos sentido tentaciones de suicidarnos en los momentos de intensa tensión. Esos momentos en los que las heridas arden, y no deseamos hacernos más, pero la vida resulta tan insoportable que lo único que ansiamos es que alguien pare ese sufrimiento.

Esos pensamientos no demuestran que estés loca, no indican que necesiten internarte, o que quieras herir a los demás. Sencillamente, el dolor es mucho mayor que tus medios para controlarlo. Y en determinado momento sientes que no puedes soportarlo. No sirve de nada que otras personas intenten animarte, o darte razones para vivir. Su intención es buena, pero a menudo están tan asustados, tienen tanto miedo a que realmente te mates o sienten tanto pánico ante la muerte que te amenazarán, o te dirán tonterías, o llorarán. Eso no tiene nada que ver contigo, sino con sus sentimientos. En esos casos recurre a alguien que pueda comprenderte, y pueda ayudarte, preferiblemente un psiquiatra, un médico, alguien que no te juzgue ni te haga sentir culpable. Intenta encontrar una asociación o un teléfono de ayuda, y recurre a ellos.

Tus padres o tus amigos te quieren mucho, sin duda, pero tal vez se encuentren demasiado cerca como para actuar con frialdad y eficacia, o tal vez no sepan cómo hacerlo. No les culpes. A mí me hablaban de lo mucho que me quedaba por delante, y lo único que yo podía pensar era que si la vida que me restaba era así, mejor acabar de una vez.

Pero ten en cuenta que en esos casos lo que se busca en la

muerte es alivio. Si realmente mueres, no te sentirás mejor, ni más aliviada. Habrás dejado de existir, y de percibir esa mejora, esa relajación.

Cada persona posee un nivel de resistencia al sufrimiento distinto. Las razones por las que alguien se deprime, se siente angustiado o desea morir pueden parecer insignificantes a los demás. Hay hechos determinados que pueden llevar a esa decisión (angustia generalizada, una enfermedad terminal, un desequilibrio mental), pero aun así, cada persona se enfrentará a esas circunstancias de manera determinada.

El único modo de vencer las tendencias suicidas es hallar una manera de reducir tu sensación de dolor, o encontrar un modo de aumentar tu resistencia a ese dolor. Estás a tiempo de encontrar una solución, y de buscar ayuda profesional que te enseñe cómo enfrentarte al sufrimiento.

Sentir deseos de matarse no significa que vayas a hacerlo. Pero aun así, espera. Date veinticuatro horas, date una semana. Quién sabe cómo pueden cambiar las cosas, o tu ánimo. El que sientas deseos suicidas no te obliga a llevarlos a término. No son más que sentimientos, no acciones.

Y ten en cuenta que cuando han pasado, no significa que no regresen de nuevo. Necesitas ayuda, aún la necesitas. Puedes llegar a controlar esas tendencias, y eso, nuevamente, será un alivio en tu vida y tu tensión. Bastante tienes con luchar contra la automutilación.

No se sabe demasiado bien por qué surge el ansia de automutilarse. A veces se ha asociado con la personalidad *borderline*[1]. También se relaciona con la necesidad de control

1. Trastorno disociativo de personalidad o personalidad límite. Los enfermos sufren ataques de ansiedad y desesperación, con intensos sentimientos de autodestrucción. Su carácter oscila bruscamente, y su percepción de sí mismos y de sus emociones se ven alteradas. No toleran el estrés ni el dolor emocional.

del individuo. Al fin y al cabo, cuando te cortas, eres tú quien te haces daño, y eres tú quien controla. Exactamente igual que en la anorexia.

La diferencia con la anorexia es esa necesidad de violencia. Se cree que tiene que ver con traumas relacionados con la fuerza física y el dolor. De modo que no resulta extraño ver que en el pasado de quienes se hieren han existido violaciones, abusos, palizas y todo tipo de agresiones; pero no siempre. Yo, por ejemplo, he tenido unos padres indiferentes, pero nunca agresivos.

Pero no todo es dolor y desesperación: la automutilación puede curarse, y se cura. Hay que aprender cómo aceptar y cómo expresar esos sentimientos que nos torturan: puede ser ira, o pena, o decepción, puede ser odio, puede ser debilidad... cada cual debe descubrir qué le tortura por dentro. Y sí, es posible expresar eso de una manera sana, de una manera que no implique hacerte daño. Incluso si cortarte se asocia a la anorexia, a la bulimia, a la personalidad *borderline*, si además eres alcohólica, tu problema tiene un tratamiento.

La mayor parte de los psiquiatras especializados en trastornos alimenticios saben de cortes, y de quemaduras, y qué los ha causado. Muchas veces la necesidad de herirse desaparece cuando el trastorno alimenticio mejora. Hace cuatro años que no me corto, y no creo que vuelva a hacerlo, y eso coincidió con la mejora de mi anorexia. Como ya os he dicho, aún no me he recuperado del todo, y estoy luchando contra una fase bulímica, pero mi calidad de vida es increíblemente buena, si la comparamos con la miseria que tenía antes.

Emplea un poco de tiempo, el necesario, en encontrar un profesional en quien puedas confiar. Alguien que te inspire respeto. Ten en cuenta que será una herramienta muy importante para iniciar unos hábitos nuevos. No seas tímida, y cuéntale todo lo que has hecho, tus cortes, tus sentimientos, tus movimientos más vergonzosos. Necesita saberlo para ayudarte. Y tú necesitas contarlo para liberarte.

Cuando yo sentía que no podía soportarlo, pero me encontraba en la fase de recuperación, y no deseaba, por nada del mundo, herirme, encontré sustitutivos: me hacía las mismas marcas, pero con rotulador rojo. O metía las manos en agua muy fría. O rompía papel, periódicos viejos, por ejemplo. Gritaba y golpeaba contra mi almohada. Elegía mi música preferida y bailaba hasta agotarme.

Cuando me había tranquilizado, contaba desde veinte hasta cero, cambiaba la música por algo más relajante, me tumbaba en la cama por un rato, e imaginaba que me encontraba en un lugar precioso. A veces observaba fotos de mis seres más queridos, o me abrazaba a un osito de peluche, o a una chaqueta de mi novio. Me repetía una serie de frases en las que describía mis virtudes: tengo una gran fuerza de voluntad, soy inteligente, soy amable con los demás, e intentaba alejarme del sentimiento de dolor. Pensaba en qué lo había originado, respiraba profundamente, y poco a poco me tranquilizaba. Muchas veces lloraba, lo que me dejaba definitivamente calmada.

Después de liberar la tensión física y tras haberme relajado, necesitaba una recompensa, un modo de sentir que podía hacer algo hermoso. Esa recompensa nunca podía estar relacionada con la comida, de modo que solía tomar un baño y arreglarme las cejas. Después ocupaba el tiempo escribiendo mi diario, o algunas cartas. ¡Incluso poemas! También me gustaba dibujar, y regar dos tiestos con plantas que cuidaba en mi habitación.

Con el tiempo no necesité hacer todas esas cosas. Ahora

me basta con escuchar algo de música y, quizás, ordenar la casa u ocuparme de mis plantas. Si me siento muy frustrada, grito en la almohada. Pero durante los meses que me llevó recuperarme, el proceso completo me fue de gran ayuda.

No tengo ni que decir que todo resulta más sencillo si cuentas con alguien que te ame y te apoye. En mi caso, mi relación con mis padres y con mis hermanos no era lo suficientemente sincera como para hablarles con total franqueza. Me querían, y me quieren, y yo sería capaz de hacer cualquier cosa por ellos, pero también tienen problemas para afrontar sus sentimientos, y deben hacer su propio trabajo personal.

Además, cuando me enfrenté a mi problema y a mi recuperación yo ya vivía por mi cuenta. De modo que la persona que ha estado a mi lado en este proceso ha sido mi novio. Sí, pese a lo que yo misma creía, es posible tener novio, y amigos, es posible que te quieran pese a cortarte con una cuchilla dos veces al mes.

Le conocía porque era amigo de mi compañera de piso, y en una ocasión en la que vino a dejar un regalo para ella me sorprendió a punto de cortarme. Mi amiga estaba fuera, de fin de semana, de modo que le abrí la puerta y quise despacharle, pero notó que estaba muy nerviosa y se las ingenió para pasar y hablar conmigo. Sin darme cuenta, le conté lo que hacía, y cómo estaba a punto de hacerlo.

Él dice que hasta ese momento no se había fijado en mí, pero que me vio desesperada. Cuando le hablé de la automutilación no podía creerlo. Nunca había oído nada sobre ello, y nunca se le había pasado por la cabeza que alguien quisiera hacerse daño de esa manera. De modo que me hizo pregunta tras pregunta, y yo intenté justificarme. Él me convencía del mal que causaba a mi salud, y yo procuraba hacerle entender que me castigaba y que, al mismo tiempo, sólo así me sentía viva.

Charlamos durante toda la tarde y parte de la noche. Ninguno convenció al otro, pero yo me sentí liberada de muchos pesos, y no me mutilé ese fin de semana, y él, dice, quiso saber más. Más de mis razones, y más de mis motivos.

Desde entonces nos vimos cada vez más a menudo. Él deseaba ayudarme, pero en un principio su modo de hacerlo era imponerme normas, y convencerme de un modo racional de que lo que hacía estaba mal. Le fascinaba mi problema, y al mismo tiempo le repugnaba, pero no deseaba entenderlo.

Le resultó mucho más fácil aceptar mi trastorno que comprenderlo. Era capaz de asimilar mi anorexia, posiblemente porque había recibido mucha más información sobre ella. Él era mucho más racional que yo, menos afectivo. Si se encontraba en una situación difícil, se enfrentaba a ella. Si algo le dolía, buscaba una solución inmediata, e intentaba descubrir desde el principio por qué se sentía así. Le costó mucho comprender que yo era más impulsiva y menos lógica, y que me regían las sensaciones. Y no tenía mucha paciencia.

En un principio no pensamos en una relación afectiva. Yo había encontrado un amigo sincero, y él quería ayudarme, de modo que no hubo que ocultar nada, ni ningún intento de seducción. En muchas ocasiones se enfadaba conmigo porque yo me mostraba tremendamente reservada respecto a mis emociones, o porque le contestaba con evasivas en lugar de revelar qué me pasaba. Poco a poco aprendió a ser menos exigente, y yo me acostumbré a abrirme a él. Pronto me di cuenta de lo mucho que me ayudaba esa actitud, y de lo cercanos que nos sentíamos cuando expresábamos nuestras emociones.

Eso me dio fuerzas y confianza, y en un momento dado, un domingo por la mañana, cuando yo ya tenía claro que estaba enamorada, decidí arrojar a la basura todas las cuchillas. Necesitaba pensar que mis circunstancias podían cambiar, y que podría experimentar una relación amorosa. Busqué un psiquiatra. No me fue bien con él durante las primeras sesiones, y por fin me recomendó a una de sus colegas, especializada en shocks postraumáticos. Cuando abordamos el tema de mi anorexia, me dirigió por fin a la que hasta ahora es mi psiquiatra. Superé los impulsos de lesionarme a lo largo de varios meses, y por fin, fui también capaz de encontrar el placer en un cuerpo normal y con una alimentación normal.

La decisión fue mía, y míos han sido los pasos dados. Desde luego, está fuera de duda que mi novio se enamorara de mí por pena, por interés morboso o por sentirse superior a mí. Soy digna de despertar amor: pero en estos momentos, tengo algunos problemas. Me veo con fuerzas para enfrentarme a ellos, y eso ha hecho que la gente que me rodea, incluida mi familia, me valore de una manera distinta, y que mis relaciones hayan mejorado.

Sufrir este trastorno no significa que seas una mala persona, una pervertida, o que estés loca. No es culpa tuya. Has hecho lo que has podido para enfrentarte a una situación difícil. Y te aseguro que no eres la única. Como he dicho antes, una chica americana de cada doscientas se automutila. Entre ellas hay personas famosas, actrices y cantantes, como Shirley Manson, de Garbage, o Roseanne Barr, o Lady Di, o Christina Ricci. O Johnny Depp. Gente admirada, creativa, gente guapa y exitosa. Nadie se libra de sentir dolor, pero puedes elegir cómo demostrarlo.

Encontrarás muchas personas capaces de entender tu sufrimiento. Y, por supuesto, algunas que te mirarán con desprecio o con superioridad, pero eso no es ninguna novedad. Vivimos en una sociedad injusta, con unos valores ridículos y falsos. Una sociedad machista que desprecia a los seres más vulnerables. No puedo quitarme de la cabeza que si un hombre de cada doscientos se cortara habitualmente, la automutilación se hubiera considerado una plaga, y hubiéramos encontrado terapias efectivas y asequibles para quienes las padecieran. Tú eres una persona más sensible de lo habitual, y necesitas más ayuda que el resto. Pero eso te hace también más valiosa, más humana.

Y no puedo decirte nada más. Yo misma me encuentro en el camino, y me equivoco cada día y me recupero cada día. Merece la pena. Te lo aseguro. Ojalá encuentres la fuerza y la ayuda que necesitas. Yo te envío todo mi cariño.

María

En otras ocasiones, las enfermas para las que comer se transforma en un infierno proceden de otro martirio anterior: han sido anoréxicas, han encontrado placer en restringir la comida, en hacer ejercicio hasta caer inconscientes, han mentido y manipulado a sus padres para lograr su objetivo y aun así han seguido sufriendo, porque continuaban a disgusto con su cuerpo.

Algunas de ellas no logran curarse tan fácilmente, y caen en la bulimia. Son las llamadas anoréxico-bulímicas, y muchos autores estudian sus casos como parte de la anorexia. Mantienen intacta su preocupación por el aspecto físico, pero alguno de los resortes falla, y de pronto el control al que se someten fracasa. Como un muelle dado de sí, ya no responde a la falta de comida, y las lanza al otro extremo. No encuentran ninguna satisfacción comiendo, porque su anterior filosofía anoréxica vincula la comida con el mal, e incluso con el pecado, pero no pueden evitarlo. Hagan lo que hagan, tomen la decisión que tomen, sienten que viven en una continua toma de decisiones dolorosas, que no pueden controlar nada en su vida, que su cuerpo es un objeto ajeno y rebelde que las martiriza. Aunque intentan disimularlo, y muchas veces lo consiguen, su sufrimiento es inmenso y su comportamiento totalmente imprevisible.

En ocasiones los padres no saben distinguir a tiempo la bulimia porque las enfermas ocultan cuidadosamente los vómitos, y se aprovechan del alivio que sienten los mayores al verlas comer. Las características que delatan a las bulímicas (desaparición de comida o dinero, glándulas inflamadas, callosidades en los dedos que emplean para provocar el vómito, costumbres extrañas de alimentación...) son aplicables en este caso. Sus cambios de humor oscilan tanto como su peso, y es muy posible que nieguen sufrir este nuevo problema.

Nuevamente, el tratamiento ha de pasar por manos de profesionales, y no puede limitarse a una terapia psicológica, o a la desaparición de los síntomas. Estas pacientes han demostrado una complejidad y unos problemas que han de ser tenidos en cuenta de una manera global. Han de recibir asistencia psicológica y nutricional, y han de aprender nuevos hábitos de alimentación para enfrentarse a los problemas.

María es una muchacha muy joven que ha pasado por esta dolencia, y que ha descrito, no sin cierto humor, cómo fue su pesadilla particular.

Cuando tenía trece años empecé a hacer tonterías con la comida. ¿Por qué? Eso me gustaría a mí saber... bueno, ya se sabe que ésa es una edad tonta y...

Siempre he sido muy deportista; juego a hockey, he jugado a fútbol, a baloncesto, y hago patinaje artístico. En clase siempre destacaba a la hora de gimnasia, y los chicos me envidiaban porque en realidad yo era mejor que algunos en fútbol, en básquet... Al hacer tanto deporte empezaron a salirme músculos, no de una manera exagerada, sino lo normal, lo típico; pero los chicos son tan crueles que si ven que una no tiene el cuerpo como las chicas finitas, la desprecian.

A mí no me llamaban gorda, porque no lo estaba, sino *travesti, marimacho, macho sin picha,* y no me trataban como a cualquier otra de la clase. No le podía gustar a nadie porque era «la» marimacho.

En patinaje, cuando ya estaba dolida por todo lo que me decían, el entrenador me explicó que yo tenía una constitución muy robusta, no muy femenina para el patinaje, pero que me iba muy bien para los saltos que otras no podían realizar por falta de impulso. Empecé a sentirme mal a la hora de ponerme mallas y jerséis ajustados por la espalda exagerada que tenía.

Un día, harta de ser «el marimacho», no sé por qué, después de un entrenamiento no cené y no sentí hambre. Así comenzó todo. Primero dejé de merendar; tiraba los bocatas. Luego de comer pan, y con eso pasé de pesar 63 kilos a 56. ¡Oléee! Menudo logro. Con ese peso la gente me decía que estaba muy guapa, empezaban los piropos, algunos de clase me pidieron para salir... Yo me sentí orgullosa de mí misma... pero si adelgazaba tres kilillos más, mejor que mejor. Dejé de cenar. Me lo permitían, porque mis padres nunca pensaron que con lo obsesionada que estaba con el deporte me limitaría al comer, sino que lo hacía por cuestiones de salud.

Al cabo de un mes, llegué a los 52 kilos. Empezaba a marearme jugando, mi nivel había bajado, y no quería ducharme en hockey para que no vieran lo gorda que estaba; porque ahí ya estaba el mal, yo me veía peor que antes. ¿Por qué? No lo sé, supongo que ya habitaba dentro de mí la enfermedad. Los piropos aumentaban, cada vez me los decía más gente y eso me hacía sentirme mejor, me daba fuerzas para seguir con mi plan.

Un mes más tarde ya estaba en 48, alimentándome sólo con un zumo de 25 calorías que me compraba. ¿Cómo hacía para librarme de comer o para esconder la comida?

Empleaba todo lo que se me ocurría, como meter la comida en los bolsillos, en las servilletas, pero una vez me pillaron. Me preguntaron que por qué hacía eso, y yo les dije a mis padres que quería bajar de peso. Ellos me propusieron hacer una dieta si yo dejaba de hacer el tonto con la comida, y dijeron que me pagarían un médico. Yo se lo prometí, pero no era tan fácil: ahora tenía que comer. No sé por qué no me podía controlar, ni podía comer normalmente, ni podía seguir la dieta. En ese momento me di cuenta de que tenía que comer todo o nada. Si me comía una galleta me tenía que acabar todo el paquete, y chocolate y muchas cosas. De esta manera, en poco más de dos meses engordé más de 10 kilos.

Entonces me propuse comer sin que quedara nada en mi cuerpo. Vomitaba después de cada comida; al principio me costaba bastante y me enfadaba muchísimo, porque me pegaba atracones y luego no era capaz de vomitar. Harta de hacer siempre esto, y de correr el riesgo de que me pillaran, decidí nuevamente no comer nada de nada para no caer en la tentación de atracarme. Pero ¿cómo lo haría?

Pues la verdad es que cuando una está inmersa en estos trastornos llega a tener un ingenio exagerado, fuera de lo normal: te inventas y haces las mil y una para librarte de la comida, para tus trampillas. Tuve «la gran idea» para esconder la comida y que no me pillaran. Un día que me quedé sola en casa construí una especie de cajoncito debajo de la mesa de la cocina, como los de los pupitres del cole. Ahí iba metiendo mi parte poco a poco a cada comida, hasta que se quedaba el plato vacío. Y siempre que podía, intentaba comer sola.

Mi madre veía cómo mi plato se vaciaba rápidamente, y me advirtió que no comiera de esa manera, porque esa ansia se debía a todas las tonterías de antes. Según ella, como durante todo ese tiempo me había prohibido comer a mí misma, ahora tenía más apetito que lo normal y mucha angustia. Yo decía que sí a todo para que no me pillara. Lo cierto es que si no probaba bocado esa ansiedad de la que ella hablaba desaparecía.

Antes de la segunda fase anoréxica pesaba unos 60 kilos, pero en un mes me planté en 52. Me pilló en vacaciones. Yo estaba en el cámping, obsesionada por el peso; quería pesarme a todas horas, pero allí en la caravana no había báscula, y en el cámping tampoco. Tan grande era mi obsesión que me iba cada día corriendo a un pueblo que estaba a tres kilómetros para pesarme, y de paso quemaba calorías. Ese pueblo, además, estaba en la montaña; aquello se repetía cada día, me pesaba y me volvía corriendo otra vez hacia el cámping, otros tres kilómetros de vuelta, esta vez de bajada. Me cansaba muchísimo pero sacaba fuerzas de donde no las tenía. Sólo pensaba en correr para quemar calorías, todo era una obsesión. No tenía ganas de ver a mis amigas, estaba siempre cansada y no quería salir con ellas.

Estuve en el cámping dos semanas. Al llegar a casa lo primero que hice fue pesarme. ¡Oléeee! 46 kilos, qué crack. Tanto esfuerzo había servido para algo.

Tuve mi primer entrenamiento de hockey, pero antes de acabar me desmayé. Cuando me fui a la ducha, todas mis compañeras me miraban atónitas. Yo, muy acomplejada, cerré el grifo y me puse la toalla. Nadie decía nada, hubo un gran silencio, hasta que oí murmullos en las duchas mientras yo me cambiaba. Entonces se acercó a mí la capitana, luego la portera, y comenzaron a contar: uno, dos, tres...

Yo les pregunté que qué estaban contando y que qué miraban. Me dijeron que me contaban los huesos pero que era imposible porque se tirarían horas. Yo les contesté que eran muy graciosas, pero que no necesitaba ironías para saber cómo estaba de gorda. Todas empezaron a gritarme y dijeron que lo sabían, que últimamente me notaban rara, que estaba muy débil, muy irritable, que no era la misma, que habían estado hablando de mí, y que al ver mi aspecto habían confirmado lo que me pasaba.

No quise escuchar más, y en dos semanas no volví a hockey. Para mí era mejor, porque hacía el ejercicio que yo quería y no me desmayaba ante nadie, si veía que me mareaba paraba. Salía a correr cada día, hacía ejercicio a escondidas en casa; por la noche, a la una empezaba a subir y bajar por la escalera, a las cinco me levantaba para ir a correr sin que nadie lo supiera y a las seis y media ya estaba en casa y me acostaba para que mis padres pensaran que había estado durmiendo toda la noche. A las ocho ya me levantaba y le decía a mi madre que me iba a la biblioteca, pero en realidad me iba a correr o a pasear durante horas, dependía de mis fuerzas.

La última vez que salí de casa para ir a correr pesaba 43, pero ya no pude hacerlo más porque mis padres me controlaban muchísimo. Ya sabían la verdad, las «chivatas» de mis amigas de hockey se lo habían contado. Así que bajo el control de mis padres gané 5 kilillos. No podía salir de casa ni hacer ejercicio, lo único que me quedaban eran los abdominales por la noche, pero nada más. A raíz de esto, de ver cómo me prohibían y cómo me controlaban, me deprimí y mi malhumor se multiplicó. Me odiaba a mí misma, odiaba a mis padres, a todos, me aislé y sentía el deseo de morirme después de haber tenido que comerme todo y no poder vomitarlo, y tener que quedármelo dentro.

Ese sentimiento era tan fuerte y estaba tan depresiva que hasta había pensado más de una vez en el suicidio (aunque ahora lo vea como una gran tontería). Al cabo de un mes me pillaron vomitando y me llevaron de cabeza al médico, pero esta vez a un especialista y al psiquiatra. Al oír «psiquiatra», empecé a inventar estrategias para que no me diagnosticaran anorexia. Pesaba 48 kilos, y sabía que con ese peso me la detectarían.

Tenía que subir dos o tres kilillos para engañar al psiquiatra, pero para mí era como ganar 20, así que se me ocurrió la idea de beber mucha agua. Cuando me pesaron la báscula marcaba casi 52; él me dijo que si bajaba de los 50 me ingresaría, aunque mi peso fuera 49,900. Sus palabras me asustaron muchísimo; nunca habría imaginado que dijeran la palabra «ingreso». Me dio hora para dos semanas después, para ver si seguía bajando.

Pues claro que bajé, yo continuaba a mi rollo. Un día antes de volver a la consulta pesaba 45. ¡En qué lío me había metido! ¡Aiiiix! Tenía que inventar algo con toda urgencia. Pensé anoréxicamente, es decir, inimaginablemente. La idea que se me ocurrió fue colocarme unas pesas como las que me hacían poner en patinaje, de esas que se atan al tobillo, y elegir un pantalón ancho de hilo, para que pudiera dejármelo puesto, porque si llevaba tejanos el médico decía que pesaban mucho y que me los tenía que quitar. Me puse dos kilos en cada pierna y bebí muchísima agua.

Fui al médico con un miedo horrible, si me pillaba me ingresaba seguro, y eso era lo que menos quería. Pero no me pilló, ni en aquel momento ni durante los tres años que continué así. Me salí con la mía, pero me prohibió hacer deporte. Yo protesté, pero veía que tenían razón porque casi no podía ni subir la escalera de casa.

Tenía que ir al médico dos veces a la semana, de modo que cada día acarreaba mis pesas y así mantenía mi peso constante, a veces 50, otras 51 y otras 52.

Hoy veo que ése fue mi mayor error, el de engañar al médico. Ahora preferiría mil veces que me hubieran ingresado, porque durante ese tiempo, y durante el que me quede, comencé a sufrir las consecuencias. Pero entonces yo estaba segurísima de que no estaba enferma, de que eran tonterías de los demás.

No sé cómo, pasé de la anorexia a la bulimia otra vez. Me volvió a atacar aquella gran ansiedad, pero ahora mucho más fuerte. Llegaba a meterme ocho o nueve atracones en un solo día, a veces más, y me provocaba el vómito nueve veces diarias, más o menos. No había resuelto mis trastornos de la alimentación, así que durante cuatro años pasé de extremo a extremo.

Mi parte anoréxica me decía lo mala que era, y me hacía sentir culpable, pero yo no encontraba límites, y si empezaba con un bombón tenía que comerme toda la caja. Si había roto una norma, ya no importaba hasta qué punto. Eso no hacía más que aumentar mi angustia, de modo que comía, y comía, y comía. Y a todos estos atracones les seguía un remordimiento muy grande que me hacía sentir fatal conmigo misma: me sentía fracasada, fea, gorda... así que corría al baño y vomitaba. Si había alguien en casa me iba al lavabo del pabellón de hockey, y si no al del colegio. La cuestión era sacar todo lo que había comido.

Me daba igual dónde tenía que vomitar, me daba igual recorrer kilómetros, me daba igual vomitar en una bolsa, escondida debajo de la cama, o en el armario (más de una vez lo he hecho). La cuestión era vomitar, y yo tenía que hacerlo por mucho que no pudiera y por mucho que me lo prohibiesen. Si me lo impedían me metía debajo de la cama y lo hacía allí. Luego lo tiraba al contenedor de la basura; suena mal y es de locos, pero en aquellos momentos yo lo veía como lo más normal del mundo.

Y si pasaba por el súper o por una pastelería, me gastaba montones de dinero en comida; era mi droga, yo lo notaba así. Estaba en clase y pensaba en qué me compraría para merendar. Cuando salía entraba en dos supermercados y una pastelería y compraba mi dosis. Llegaba a casa y la devoraba. Me metía un pastelito en la boca, pero aún no me lo había tragado y ya engullía el donut, y luego helado, y pan, y queso, todo, todo lo que pillaba. Mi madre estaba contenta porque veía que comía, pero no sabía que lo hacía de aquella manera, ni que entonces estaba en la bulimia.

Así he pasado cuatro años, de la anorexia a la bulimia y viceversa, pensando que estaba en un pozo sin fondo. Y bueno, en el plan en el que iba era imposible curarme. Pasé tres años en terapia y con el psiquiatra, pero la verdad, no me sirvió de nada, y todo por ser tan cobarde y esconder mi peso detrás de unas pesas. Y también por no tener la suficiente confianza con mi psicóloga. En estos años me han ingresado dos veces, pero no por ese motivo... bueno, en cierto modo sí. Como mi cuerpo estaba ya tan hecho polvo por pasar de un extremo a otro y por los vómitos, hubo un tiempo en el que todo lo que comía lo vomitaba. Me ingresaron una semana cada vez.

Me arrepiento muchísimo de no haber confiado en mi psicóloga, y a veces siento ganas de volver y decírselo. Hace tres meses que me han dado el alta, pero si soy sincera, aunque ya no haga nada, siempre tengo en mente la idea de dejar de comer, o cuando acabo de comer pienso que ése sería un buen momento para ir al lavabo a vomitar, siempre tengo ese pensamiento. No estoy aún curada del todo, pero podría estarlo si no hubiera jugado tanto conmigo misma y con los médicos, porque al fin y al cabo ellos están para ayudar, no para competir, y yo les retaba, a ver quién ganaba, si ellos ingresándome o yo impidiéndolo y engañándolos. En aquel momento gané yo, pero hoy por hoy y durante toda mi vida seré yo la que habré perdido, todo por el orgullo anoréxico que me dominaba en aquellos momentos.

Me arrepiento de todo lo que he hecho, porque es ahora cuando sufro las consecuencias y cuando no quisiera que fuera así. Antes me daba igual si me moría de hambre, o de un ataque al corazón provocado por los vómitos, pero ahora no, ahora sé que he desperdiciado cuatro años de mi vida, y que nunca los podré recuperar, y quién sabe, tal vez muchos más, porque no sé los problemas que vendrán en el futuro.

Una vez fuera de la enfermedad eres otra persona, con otro carácter: yo nunca pensé que pudiera salir. Aunque considero que me puedo controlar, aún no puedo dominar mi pensamiento anoréxico-bulímico. Pero eso ocurrirá con el tiempo, cuando vea que he ganado yo, que ha ganado mi fuerza de voluntad, porque lo que me hace seguir hacia delante es pensar en el futuro. Veo la vida de otra manera, y quiero vivirla, y no quiero perder ningún año más.

Todas las anoréxicas decimos que queremos salir de la enfermedad, pero hay algo que nos lo impide: en el fondo no lo deseamos, y nosotras mismas dejamos que gane el lado negativo en vez del positivo, el de volver a ser una persona normal, y vivir en el mundo real sin escondernos detrás de la comida.

Hay mucho miedo a la hora de salir, miedo a engordar, miedo a perder el control... eso decimos, pero lo que pasa, al menos a mí, es que en realidad el miedo es a volver al mundo real, un mundo y una forma de vivir totalmente diferentes a los que me había acostumbrado. Prefería seguir donde estaba, por muy mal que lo estuviera pasando, a recuperarme y enfrentarme con una realidad que ya no conocía, esa donde la gente no se preocupa por la comida ni por nada relacionado con ella. Yo pensaba que de esa forma no se podía vivir, pero, amigas mías, amigos míos, sí que se puede y se vive muy bien, mucho mejor que en nuestra obsesión.

Es difícil curarse, pero si se quiere y se lucha se puede. No puedes esperar a que te lo hagan todo los médicos, los amigos o los familiares. Depende de ti y de tus ganas. Tienes que pensar en positivo y sin mirar atrás: sólo se visita el pasado para coger impulso. Cuando os venga a la mente algún remordimiento, examinad cómo habéis vivido, lo mal que lo habéis pasado, lo que ha supuesto para vosotros esta enfermedad y todo el tiempo que habéis perdido con ella. Esa idea os proyectará hacia delante, porque lo que realmente importa es curarse, salir y ser feliz. Eso es lo que se puede cambiar, el pasado no, y no podemos vivir siempre en él. En la vida hay mil cosas por hacer. Cuidad de cada minuto, de cada segundo. Si no lo tenéis en cuenta, el tiempo se desvanece, y luego es demasiado tarde para volver atrás.

Cecilia

En muchas ocasiones, las bulímicas no se limitan a causarse el vómito para liberarse de la comida, de la sensación de peso y de haber cometido un pecado: recurren a otros métodos químicos que resultan tremendamente nocivos para la salud.

Obtenerlos resulta mucho más sencillo de lo que parece. A veces encuentran diuréticos o pastillas para adelgazar en su propia casa, medicamentos que los mayores usaron durante algún tiempo y se olvidaron de tirar, o que aún usan. Ellas se las ingenian para robarlos con la misma astucia con la que consiguen comida, o buscan excusas para comprarlos sin receta.

Cuando estaba en la universidad, acompañé a una de mis amigas a comprar laxantes para su padre. Describió a un hombre grande con un terrible episodio de estreñimiento, y la farmacéutica, que sin duda no tenía razones para desconfiar, le vendió un potente medicamento. Si cualquiera de las dos hubiéramos deseado emplear ese laxante con otros fines, no hubiera existido ningún problema. Mi amiga era entonces menor de edad, pero nadie comprobó ese dato.

En la actualidad, los alimentos ricos en fibra se anuncian asociando la regularidad intestinal a la esbeltez y a un estómago plano. Esos alimentos son adorados por las enfermas, que en muchos casos desean ir aún más allá, empleando medicamentos para purgarse.

Diuréticos suaves, supuestamente procedentes de plantas, pero en comprimidos, aparecen en las farmacias y tiendas naturistas como setas en primavera más o menos por esa época. Cuando los miedos al bañador asoman, y la odiada celulitis atemoriza a más de una, estos productos dicen solucionar la retención de líquidos. En ninguna de estas tiendas he comprobado que se negara la venta a menores.

En esta fobia a la retención de líquidos y a la fluctuación de peso se adivina una vez más el rechazo a la constitución de la mujer, cuyo peso y volumen oscilan mensualmente debido a los procesos hormonales que la conforman como fémina. La celulitis, enemigo contra el cual la batalla está perdida de antemano, se ha exagerado y demonizado hasta faltar a la verdad. La celulitis no indica que la piel esté enferma, ni está causada por toxinas, como muchas veces han difundido las marcas de cosméticos que buscan un aumento de ventas. Sus causas son hormonales, y según los científicos, aunque en la actualidad se ha llegado a la máxima eficacia posible en cosméticos, ninguno de ellos hace desaparecer la piel de naranja. La solución a la celulitis, si la hay, vendrá de la mano de la medicina, no de la cosmética. Y llegados a este punto sería recomendable cuestionarse si merece la pena medicarse para eliminar un fenómeno perfectamente natural que afecta a un noventa por ciento de las mujeres adultas.

Sin embargo, la idea de que los diuréticos terminan con la celulitis ha calado fuertemente entre las bulímicas, tan sensibles a la percepción de su cuerpo, y fácilmente influenciables.

Pocas personas saben más y han padecido más con estos sistemas que Cecilia, que sufrió bulimia durante doce años y logró superarla; experimentó con todo tipo de trucos para acelerar la pérdida de peso. Ahora es auxiliar de clínica, ayuda a chicas en proceso de recuperación, y trata ella misma de recobrarse de los abusos con que acosó a su cuerpo durante más de una década.

Todas hemos vomitado, por supuesto. Una no es bulímica si no ha pasado por ello. Podrá tener cualquier tipo de trastorno, pero no una bulimia propiamente dicha. En un principio, yo tenía que inducirme el vómito: tomaba leche, casi medio litro, me metía el dedo en la boca y me las arreglaba así. He conocido chicas que se metían objetos que hubieran sido prohibidos por la convención de Ginebra: incluso clavos y cuchillos...

Una chica se golpeaba en el estómago hasta que le dolía tanto que vomitaba. Otra, que murió, ataba trocitos de comida con seda dental, y una vez que se los había comido tiraba del hilo hasta que salían de nuevo.

Esto te destroza por dentro. Causa heridas en muy corto plazo, y no te permite bajar de peso. Si lo logras, apenas dura unos días. No merece la pena. Yo me destrocé las cuerdas vocales, y ahora me quedo afónica con mucha facilidad, casi todas las semanas. Se me inflama la garganta, y soy alérgica a casi todos los antibióticos. ¿Tengo que decirte qué me hizo ser alérgica? Exactamente, la bulimia, y todas las barbaridades que hice con mi cuerpo y la comida.

Lo siguiente a lo que se suele recurrir es a los laxantes. Si los usas, no te avergüences, y díselo inmediatamente a tu médico o terapeuta: mucha gente los emplea, aunque eso no significa que esté bien, por supuesto, sólo que no debes sentirte la única.

La gente que yo he tratado puede llegar a tomar desde uno o dos laxantes diarios hasta más de setenta. Yo misma andaba en torno a los treinta... ¡Al día! Comencé robándoselos a mi abuela, que debía tomar dos en caso de estreñimiento. Para eso sirven, y para eso han de tomarse.

La idea de que los laxantes adelgazan es errónea: lo más probable es que ralenticen tu metabolismo, y que alteren tu sistema digestivo y de eliminación. He observado que en general las adictas a los laxantes han engordado desde que comenzaron el proceso, debido a un estreñimiento crónico, muy doloroso. Pueden envejecer tu organismo, y sin duda, lo dañarán irremediablemente.

Lo que los laxantes causan es una pérdida de líquido, de agua, que es siempre transitoria, y que no te hará perder una sola caloría. Los alimentos se absorben de la misma forma. Si te deshidratas, cosa que le ha pasado a muchos adictos a los laxantes, corres un alto riesgo de morir. Te sentirás mareada, y antes de que te des cuenta, tu corazón se parará.

Incluso si no llegas a esos extremos, los laxantes tienen un terrible efecto sobre los procesos del cuerpo, que se malacostumbra. Muy pronto necesitarás realmente los laxantes para ser capaz de defecar normalmente, y cuantos más tomes, más necesitarás. Los músculos del colon se ven afectados, y lo más probable es que enfermes.

A mí tuvieron que extirparme buena parte del colon cuando tenía veintinueve años, aunque por lo general eso sólo les ocurre a los ancianos de más de setenta. Imagínate lo deteriorado que lo tenía. Lo que no podrás imaginarte es lo doloroso que fue.

Hasta llegar a ese punto, pasé muchas horas buscando un cuarto de baño. Cuando los pinchazos y las contracciones comienzan, no puedes controlarlas. Muchas veces no llegas a tiempo. Imagínate lo que es hacérselo encima sin poder evitarlo, y que te pille lejos de tu casa... Yo tenía que llevar en el bolso medias, bragas y una falda de repuesto. Para colmo, la gente que usa laxantes huele mal, y huele mal continuamente. Da igual lo mucho que te laves, o el desodorante que uses... Es humillante y doloroso ver a los demás olisqueando el aire en el autobús o el ascensor, y saber que eres tú... el miedo a que lo descubran... la vergüenza...

Puede que tengas la tentación de pensar que si el líquido engorda, siempre puedes tomar diuréticos que solucionen ese problema... Para comenzar, tú no tienes el problema que exige el uso de diuréticos, que son las retenciones de líquidos con complicaciones médicas. Y, nuevamente, los diuréticos no adelgazan. Con beber un vaso de agua has repuesto el peso perdido. Ni siquiera te ayudarán a reducir la celulitis.

El peor de mis miedos cuando era bulímica era morirme gorda, y estuve a punto de conseguirlo a base de diuréticos, laxantes y pastillas, sin lograr nada salvo torturar mi pobre cuerpo. Me deshidraté, y tuvieron que internarme. Mi orina se había vuelto verdosa, y mi piel amarilla. No podía entender cómo era que engordaba consumiendo 800 calorías al día, ni una más. Estuve internada mes y medio, y tuvieron que someterme a diálisis, una de las peores experiencias de mi vida. Sólo tenía diecinueve años...

Respecto a las píldoras para adelgazar, sólo puedo añadir que si hubiera una que funcionara, nos habríamos librado de este problema hace mucho tiempo. No importa lo que digan los anuncios, las estrellas pagadas, las modelos... la industria dietética es muy poderosa, y es el único negocio en el que si se fracasa, la culpa ha sido tuya y no del producto... y fracasan en un 98 % de los casos. ¡Y nadie dice nada! ¡Nadie protesta, y todo el mundo continúa con ellas!

Lo que yo saqué de tres años consumiendo pastillas fueron cambios de humor, una adicción psicológica que casi me destrozó, y muchísimo dinero perdido, que hubiera podido emplear en el cine, en ropa bonita, o en unas vacaciones.

Esa adicción no suele limitarse únicamente a las pastillas. Es fácil, cuando te sientes tan deprimida y vulnerable, caer en otros peligros, como la cocaína, las pastillas de diseño o la heroína. Si lo haces, te estás matando. Una personalidad como la tuya debería llevar la vida más sana posible. Destrozará tu cuerpo, matará tu mente. ¿Has pensado en el riesgo de sida? Al menos, date otra oportunidad.

Hace poco se puso de moda en Estados Unidos emplear el jarabe o jugo de Ipecac, un medicamento tóxico empleado como vomitivo en quirófanos, en casos de intoxicación o envenenamiento. El Ipecac destruye los tejidos del esófago y el estómago, y los efectos secundarios son muy dolorosos. Te sentirás mareada durante horas. Los daños que produce son crónicos e irreversibles. Muchas personas han muerto con el estómago reventado debido a ello. Y, por supuesto, no sirve para perder peso.

No seas estúpida: no desperdicies tu juventud ni tus esfuerzos. Si estás enferma, reconócelo, y emplea tu energía en recuperarte. Es posible, siempre que no dejes pasar demasiado tiempo.

¿DÓNDE SE METEN?

La vergüenza

Los últimos estudios parecen indicar que el número de bulímicas va en aumento. En efecto, contra lo que habitualmente se cree, la anorexia parece mantener una incidencia estable, mientras que parecen darse más casos de bulimia. Esta teoría es defendida por numerosos expertos, como la doctora Frances Connan, jefa de la Unidad de Psiquiatría en los hospitales Maudsley y Bethlem de Londres.

En Estados Unidos, los Institutos Nacionales de la Salud (NIH) barajan cifras que rondan un 1 % de la población mundial en el caso de la anorexia, y un 2-3 % en el de la bulimia. Estos datos son probablemente inexactos e inferiores a la realidad, porque apenas existen datos en amplias zonas del mundo, y porque resulta difícil diagnosticar estas enfermedades distinguiéndolas del resto de los trastornos alimenticios.

El tópico de que afecta únicamente a mujeres blancas, jóvenes y de clase media-alta ha dejado de ser válido. Niñas y mujeres adultas, de distintas razas, padecen la enfermedad. Un diez por ciento de los afectados son varones.

En los últimos tiempos las investigaciones tratan de descubrir patrones genéticos, influencias culturales y factores biológicos que puedan explicar qué extraño caldo de cultivo da como resultado este trastorno. Es posible que la línea científica que se ocupa de encontrar soluciones al estrés dé con medicamentos válidos para la bulimia. Se investiga también hasta qué punto las variaciones de los niveles de serotonina pueden influir en el comportamiento alimenticio.

Sin embargo, en apariencia nada ha cambiado. Observando la vida en la calle, las conversaciones, lo que dicen los medios de comunicación, nadie podría deducir que los hospitales reciben cada vez más consultas e ingresos por estos problemas, que los centros de día apenas dan abasto, y que resulta difícil encontrar alguna familia que no haya padecido estos problemas en su seno o en su entorno.

¿Dónde se meten las bulímicas? ¿Qué puestos ocupan? ¿Qué les distrae en su tiempo libre? ¿Qué tipo de familias o relaciones mantienen? ¿Por qué son invisibles?

Si una bulímica no es una gran comedora social y ha hecho de la ocultación un hábito, nadie, salvo los que viven con ella, pueden sospechar que esa criatura habladora, sociable, con apetito por la comida o por la vida, está enferma. Ni su peso lo delata, ni su actuación parece denotar ningún conflicto. Suelen llevar una fascinante vida amorosa, cuajada de apasionados romances y sonadas rupturas; por lo general resultan populares, parecen ocuparse de su cuerpo, quizá demasiado, compran cremas y mucha ropa (por lo general de distintas tallas), y si acuden al gimnasio no son ni las más discretas ni las más torpes. Les gusta bailar y beber, a veces incluso en exceso, se muestran osadas y atrevidas, y su agenda no podría estar más repleta.

Una mujer así representa en gran medida el prototipo del éxito en su variante femenina. Alguna vez llegará el colapso, y ese escenario caerá en pedazos, pero mientras tanto nadie será capaz de ver nada.

¿Dónde están? Por todas partes. En puestos de responsabilidad y en las facultades, en las tiendas de ropa, comprando o siendo las dependientas, en las pasarelas, en los despachos, en las cocinas, en cualquier sitio en el que pueda esperarse ver a una mujer o a algunos hombres. A veces aparecen en los centros de planificación familiar, o en las clínicas de interrupción del embarazo, porque la mezcla entre no prever las cosas, dejar claro su atractivo sexual y la no absorción de la píldora anticonceptiva debido a los vómitos o los laxantes ha causado un embarazo no deseado.

Esperan también a las puertas de los colegios, o en la cola del supermercado. Un altísimo porcentaje de enfermas son adultas, y están al cargo de una familia. Algunas de ellas se casaron siendo bulímicas, o enfermaron al quedarse embarazadas, o a lo largo de los años de matrimonio. Atrapadas en su rol de amas de casa, de madres y esposas, no se sienten con derecho a quejarse o a protestar.

De las amas de casa se espera que aprovisionen la nevera, que cocinen aceptablemente, que recuerden qué alimentos prefieren sus maridos y qué productos son los más sanos para sus hijos. Se espera que empleen tiempo en la cocina, que preparen los bocadillos de la merienda, que obsequien a las visitas con pastas y churros, que hagan las croquetas para aprovechar los restos de la cena. La mayor parte de ellas tienen grabado a fuego que la comida no se tira, pero viven con la realidad de niños que no terminan su comida, o de maridos que no se presentan a comer. Se les ha enseñado que su valía depende de una mesa bien servida y de una nevera repleta. A cambio, su recompensa es quedarse con el cuello del pollo y terminar con los yogures caducados.

Son leonas de la jungla: cazan, crían, alimentan, para ceder luego el mejor bocado y el prestigio al macho. Muchas de ellas viven la sensación de vergüenza y ocultamiento con aún mayor intensidad que las enfermas más jóvenes: consideran que deberían dar buen ejemplo, sienten que no pueden controlarse, que desequilibran el presupuesto familiar con sus excesos, temen que no podrán cuidar de sus hijos, o que sus maridos las abandonen. En su momento, eligieron o se vieron forzadas a responsabilizarse de la casa. Si fracasan en esa misión, si no mantienen una casa impecable, las comidas a punto, si no se entregan por entero a los otros, si no renuncian a ellas mismas a favor de la familia, es decir, si atraen la atención hacia ellas o sus problemas, la censura social puede ser muy cruel.

Por lo general, cuando una mujer adulta reconoce un trastorno alimenticio es tan grave que le impide continuar con una vida normal. O las circunstancias se han aliado de tal manera que lo que en principio fue diagnosticado como depresión resulta ser una bulimia arrastrada durante años.

En todos los casos la familia debe tomar conciencia del problema de la enferma, y ha de prestar una atención especial a las circunstancias. No puede esperarse que una mujer enferma desde hace años, con unos hábitos ya tipificados, que se queda sola muchas horas al día, que para colmo debe afrontar la responsabilidad de buscar los alimentos, comprarlos, prepararlos, cocinarlos y retirarlos se recupere. No se trata de un resfriado, no es algo que se pase con el tiempo, que se logre mediante fuerza de voluntad o que pueda hacerse sin provocar cambios.

Los hijos deberán asumir responsabilidades: a partir de una edad muy temprana pueden prepararse el desayuno solos, y posiblemente también la merienda. Como los ingresos dependen del marido, posiblemente éste sea reacio a solicitar una baja laboral para ocuparse de los problemas de su mujer: por lo general, si es una hija la que padece bulimia y los dos padres trabajan, es la mujer la que deja de hacerlo para ocuparse de ella, en parte porque es lo que se espera de una buena madre, en parte por el complejo de culpa, en parte por el pensamiento, tan extendido, de que si una chica es anoréxica o bulímica se debe a que existe algún problema con la madre. Si esa situación se da en el caso de las hijas, de pocos maridos se puede esperar que se involucren totalmente en el caso de sus mujeres, que son al fin y al cabo adultas y responsables.

Entonces, sería sensato que otra persona se encargara de liberar al ama de casa de esas preocupaciones: o bien una asistenta que se ocupe de preparar las comidas y lo que las rodea, o bien un pariente que asuma esa responsabilidad. Muchas de las enfermas se sienten aún más culpables porque parte de los ingresos de la familia se desvíen a su tratamiento y a contratar una persona que la ayude. Piensan que no tienen derecho a condicionar el futuro de sus hijos (tal vez la universidad, o las salidas de fin de semana, en otros casos hipotecar la casa) a costa de sentirse mejor. Y muchas familias no ven la necesidad de sacrificar sus ahorros, o cambiar sus costumbres porque a su madre le haya entrado una manía con la comida.

No es posible sentirse más sola de lo que estas mujeres se sienten. Ni más incomprendidas. Ni más ignoradas. Una vez más, el peso del machismo se deja sentir; la enfermedad de una muchacha joven es una demostración de histeria. La de una mujer madura, algo que debe llevarse en silencio.

La pregunta sigue en el aire: si, como parece, hay tantas bulímicas, si todo el mundo conoce al menos un caso o sabe de un familiar afectado, entonces ¿por qué no reconocen su enfermedad? Las respuestas pueden ser muy variadas. Una de ellas, como se ha repetido en muchas ocasiones, es que una de las características de la bulimia es su negación. A menudo, cuando son conscientes de que tienen un problema, no saben adónde acudir. Se sienten avergonzadas, y posiblemente teman reconocer que padecen una dolencia que necesita tratamiento psicológico. La sociedad no reacciona bien frente a los enfermos, y menos aún ante los trastornos mentales, por muy leves que sean.

Muchas temen que su trabajo se vea afectado, o que las aparten de sus estudios. Otras no quieren tirar por la borda su imagen de chicas perfectas, o temen arruinarse si tienen que costear un tratamiento. Otras llevan tanto tiempo enfermas que no saben cómo enfrentarse a la rutina diaria fuera del círculo de atracón-vómito. Muchas creen poderlo superar solas, y otras piensan que el tiempo mejorará las cosas, o que lo lograrán cuando terminen de estudiar, o cuando consigan un novio, o cuando...

La mayor parte de las ciudades cuentan con centros de apoyo a las enfermas, y aparte de la atención telefónica que algunos ofrecen, la difusión de Internet está facilitando que las bulímicas se aproximen al tratamiento.

Las llamadas de ayuda que reciben los teléfonos y las páginas web especializadas están permeadas de desesperación y de pánico apenas contenido. En esos ámbitos en los que se asegura la privacidad, en los que no hay necesidad de controlar las lágrimas, o mantener una postura serena, las enfermas gritan y suplican una solución. Algunas de ellas logran liberar parte de la tensión únicamente pidiendo socorro: para otras, es el paso inicial que les conducirá a un tratamiento.

Tengo veintiún años, y un niño precioso de siete meses. Llevo cuatro años sin dejar de vomitar, y ya no puedo controlarme. No me atrevo a decirle nada a mis padres ni a mi marido. ¡Creo que me estoy volviendo loca! Hace un mes he aceptado que tengo problemas bulímicos, pero no sé a quién acudir, ni por dónde empezar, ni a quién pedir ayuda. No tengo dinero, y tengo miedo de que alguien sepa que tengo este vicio, y pese a mis esfuerzos, yo sola no estoy logrando nada. Por favor, decidme quién puede guiarme para conseguir ayuda. ¡Ayuda!

(Lista de distribución en Internet
para problemas alimenticios, 30.11.01)

Las enfermas, en distintos grados de recuperación, se ponen en contacto y realizan una auténtica terapia de grupo virtual. A veces cuentan con los consejos de un profesional en la materia, y cuando no, hacen hincapié en sus vivencias y en cómo se enfrentaron a los conflictos. Aunque ni los foros de Internet ni los teléfonos de ayuda pueden sustituir la ayuda de un terapeuta, les ayudan a disolver miedos, a romper con su idea de exclusión, y puede suponer el primer paso hacia la recuperación.

Existe otro factor interesante, en este caso relacionado con los hombres que sufren trastornos alimenticios. Internet y la tecnología cibernética suponen un foco de enorme atracción para los chicos más jóvenes, que a veces acceden a estos espacios por curiosidad, y que pueden romper así el doble silencio que impone su enfermedad y su sexo.

Me metí a este foro y me he fijado que son puras mujeres, no sé si me pueden ayudar a mí que soy hombre. Yo, como ustedes, soy anoréxico. Todo empezó por un anuncio de comercial donde decían que el organismo puede bajar de peso comiendo sólo lo necesario y haciendo ejercicio todos los días; pues bien, empecé por comer lo que yo creí era lo justo, luego todos los días en la noche hacía una hora de arduo ejercicio, pasaron como 5 meses y sin darme cuenta bajé 12 kilos. Hace poco me hice un examen de salud y hallaron que yo tengo 12 kilos menos de los que debería tener, ya que mido 1,72 m y peso 50 kilos, díganme qué puedo hacer.

Me siento muy inseguro, tengo mucho frío y todo me da miedo. Ayúdenme, porfa.

(PÁGINA WEB *CON SU SALUD*,
ÁMBITO HISPANOAMERICANO, 9.1.02)

Nuevamente, el círculo de aislamiento, vergüenza y enfermedad puede romperse si las llamadas de auxilio reciben una respuesta adecuada y con la que puedan identificarse.

Hola, amigo. No son puras mujeres, al menos aquí también hay dos hombres, José y yo. Nosotros también sufrimos de esos problemas, anorexia y bulimia, y sé que es muy duro sobre todo para nosotros. No soy machista ni mucho menos, admiro en toda su extensión a las mujeres por su fuerza, pero al menos para mí, era humillante que la gente lo supiera, porque se supone que el hombre es el sexo fuerte y somos quienes apoyamos y ayudamos a las chicas, pero en realidad no somos más que ellas.

Incluso me atrevería a decir que ellas nos han dado una buena lección.

No hay que avergonzarnos de lo que somos, es horrible porque ya imagino los comentarios de tus amigos hacia ti, si son igual de malintencionados que los que yo recibí te debes de sentir supermal. Te comprendo y créeme que si quieres un amigo, aquí estoy. No te preocupes, *brother*, saldremos de ésta, ya verás, cuentas conmigo para todo, *Bye,* cuídate mucho y ustedes también, chicas, son de lo mejor que hay...

(RESPUESTA A LA ENTRADA ANTERIOR EN LA PÁGINA WEB *CON SU SALUD*, ÁMBITO HISPANOAMERICANO, 10.1.02)

Para su desgracia, los hombres están entrando rápidamente en el mundo de los trastornos alimenticios, que se muestran tolerantes con todo tipo de razas, sexo, oficios, edades u orientación sexual. El aumento de la depresión está llevando también a que los sufran un mayor número de personas maduras. Las presiones para mantener un cuerpo esbelto, sea su dueño un hombre de negocios, una muchacha joven o una madre de familia numerosa, parecen aumentar en lugar de reducirse paulatinamente.

Para colmo, se da una paradoja cruel: mientras que los alimentos ricos en grasas polisaturadas e hidratos de carbono son más baratos que la comida baja en grasas o los productos ecológicos, lo que limita el acceso de estos alimentos a determinadas capas de la población, los tratamientos psicológicos resultan costosos y largos, con lo que esa misma franja queda desprotegida frente al problema del exceso de peso o de los trastornos alimenticios.

La insistencia en que dichos trastornos afectan únicamente a jovencitas coquetas preocupadas por su imagen ha dificultado que muchos hombres enfermos no asocien sus problemas a la bulimia o a la anorexia, o que sus médicos no los diagnostiquen como tales. Los pocos casos masculinos que han salido a la luz se han asociado a deportistas de élite, o al mundo gay. Esa clase de pensamiento sesgado, que tanto está dañando a los propios afectados, debería disiparse inmediatamente.

El 13 de diciembre de 2001 el diario *El País* sacaba a la luz el problema que había afectado al ciclista Curro García, acusado de dopaje, y apartado del circuito durante varios meses. La sustancia prohibida que había consumido era anfepramona, un inhibidor del apetito que Curro empleaba para mantenerse delgado. Estaba en una situación desesperada, después de haber caído en la bulimia y su ciclo de vómitos, lo que en el artículo se achacaba a la importancia que el director de su equipo daba al peso del deportista. Al parecer, ese entrenador estaba especialmente obsesionado con el peso de todos sus ciclistas, a los que saludaba llamándoles «gordos», y cuyas comidas controlaba.

Tras la sentencia de dopaje, Curro García sufrió una severa depresión, de la que salió con medicación y tratamiento psiquiátrico. En la actualidad se ha recuperado, corre con un equipo italiano y parece estar recibiendo todo el apoyo necesario.

Bien por Curro García, por su valor y por su fuerza. Bien también por el periódico *El País*, por denunciarlo. Sin embargo, pese a la simpatía con la que enfoca el tema, el redactor no evita una serie de frases que revelan claramente la opinión general hacia este tipo de casos. Curro García es descrito como «un ciclista sensible [...] con problemas de autoestima, propenso a creerse menos de lo que es. Un carácter tirando a débil, lo que no es lo más indicado para ser feliz en un mundo tan competitivo como el del deporte profesional». Continúa añadiendo que se topó con «el extravertido director». Mientras sus compañeros no parecían tener problemas con la presión sobre su aspecto y alimentación, «Curro García, como si fuera masoquista», los revelaba.

El masoquismo tiene poco que ver con el origen de un

trastorno alimenticio, y la debilidad de carácter no influye en absoluto en el rendimiento en el deporte. Antes al contrario, un carácter débil y fácilmente seducible se plegará a todas las exigencias y sacrificará sus necesidades a cambio de obtener el triunfo. En ese caso se llama disciplina. Ésa fue precisamente la actitud de Curro, que logró excelentes actuaciones mientras intentaba luchar contra su dolor interno. De no haber manifestado ese trastorno, de haber ocultado su problema y no haber sido detectado el dopaje, sería posiblemente puesto como ejemplo por su fuerza de superación.

Aparte de hombres bulímicos y hombres anoréxicos, existen muchos comedores compulsivos, tradicionalmente considerados glotones o golosos. De ahí que en lugar de ser observados con preocupación, únicamente se considere la parte estética o saludable del aumento de peso, y se les tenga por gorditos felices, o perezosos comilones. En lugar de que se tome conciencia de la enfermedad, se propugna un sentimiento de vergüenza.

En poco tiempo es posible que las organizaciones sanitarias comiencen a calcular los inmensos gastos que estos trastornos ocasionan, y consideren necesario invertir ciertas cantidades en prevención. De todas maneras, las consultas y los tratamientos privados son tan frecuentes, que esa toma de conciencia puede retrasarse indefinidamente.

Sin embargo, si se comienza a expandir la idea de que la bulimia y la anorexia no son enfermedades excluyentes, que afectan a un amplio sector de la población, es posible que se inicie una reacción, o al menos que uno de los tópicos más dañinos caigan. Cartas de denuncia, protestas, actos de apoyo, negativas a admitir modelos de conducta y apariencia equívocos... todo ello es necesario, y puede ser llevado a cabo por cualquier sector de la sociedad.

Tal y como está organizada nuestra civilización, los problemas de las adolescentes no parecen contar. Tristemente, es posible que ahora que la bulimia se ha extendido a otras capas más influyentes, esa situación mejore.

Resulta interesante anotar también que, aunque muy lentamente, se han tomado algunas disposiciones, y que las bulímicas ya no se encuentran totalmente desamparadas. Ya no son invisibles para la ley.

La página web de Alabente[1] incluye unos aspectos legales que deberían ser tomados en cuenta a la hora de decidir una hospitalización urgente o imprescindible de las enfermas. En este texto, que se transcribe a continuación, se cita la ponencia de la fiscal M.ª Francisca Sánchez Álvarez sobre el marco jurídico de los trastornos de la conducta alimentaria, realizada durante el III Congreso Internacional de Estudios para el Desarrollo.

DISPOSICIONES LEGALES REFERENTES A LOS MENORES DE EDAD CON TRASTORNOS ALIMENTICIOS

Según dispone el art. 154 del Código Civil: «Los hijos no emancipados están bajo la patria potestad del padre y de la madre», quienes la ejercerán siempre en beneficio de los hijos y de acuerdo con su personalidad y comprende las facultades-deberes siguientes: velar por los hijos, tenerlos en su compañía, alimentarlos, educarlos y procurar su formación integral.

¿Cuál es la vía legal que existe y utilizan los progenitores ante un trastorno alimentario de un menor de edad sometido a pa-

1. Asociación para la Liberación de la Anorexia y la Bulimia en Tenerife (www.alabente.com).

tria potestad? Al amparo de lo dispuesto en el art. 211 del Código Civil, en su nueva redacción dada, en cuanto al párrafo 1.º por la Ley Orgánica de Protección Jurídica del Menor, el internamiento por razón de trastorno psíquico de una persona que no está en condiciones de decidirlo por sí, aunque esté sometida a la patria potestad, requerirá autorización judicial.

Ésta será previa al internamiento, salvo que por razones de urgencia se hiciese necesaria la inmediata adopción de la medida, de la que se dará cuenta cuanto antes al juez y, en todo caso, dentro del plazo de 24 horas. El internamiento de menores se realizará en todo caso en un establecimiento de salud mental adecuado a su edad, previo informe de los servicios de asistencia al menor.

El juez, tras examinar a la persona y oír el dictamen de un facultativo por él designado (que no necesariamente tiene que ser médico forense...), concederá o denegará la autorización para internarlo y pondrá los hechos en conocimiento del Ministerio Fiscal, a efectos de que éste promueva la declaración de incapacitación de la persona, siempre que haya un principio de prueba de que la misma padece una enfermedad o deficiencia persistente de carácter psíquico que le impida gobernarse por sí misma (art. 200 del Código Civil).

Concedida la autorización para el internamiento psiquiátrico de un menor por razón de trastorno alimentario, el juez de oficio recabará información del hospital o centro sanitario donde esté ingresado, sobre la necesidad de proseguir el internamiento, cuando el juez lo crea pertinente y, en todo caso, cada seis meses, examinando de nuevo a la persona internada y oyendo el dictamen de un facultativo, acordando a continuación lo que proceda sobre la continuación o no del internamiento.

DISPOSICIONES LEGALES REFERENTES A LOS MAYORES DE EDAD CON TRASTORNOS ALIMENTICIOS

Para solventar la posible negativa al internamiento, ya que al ser mayor de edad quien decide es la propia persona (...), la solución legal actual es la autorización que debe conceder el juez, del internamiento del mayor de edad por razón de trastorno psíquico [...], ya que no hay duda de que la persona con TCA que se niega a ser tratada médicamente no está haciendo otra cosa que actuar conforme al ánimo inconsciente de autodestrucción que le lleva a no comer, y ésta no es una decisión libremente adoptada, sino el fruto de un trastorno objetivo y objetivable.

El procedimiento a seguir es igual que en el caso de los menores de edad. Junto a la autorización de su internamiento médico se suele promover su declaración de incapacidad, si se constata que padece una enfermedad o deficiencia persistente de carácter físico o psíquico [...]. La sentencia que declare la incapacitación determinará la extensión y los límites de ésta, así como el régimen de tutela o guarda a que haya de quedar sometido el incapacitado (art. 210 del Código Civil).

Páginas web pro anorexia. Tengo voz

El fenómeno de las páginas web pro anorexia, si bien de reciente descubrimiento en nuestro país, cuenta con varios años de andadura en Estados Unidos: son páginas mantenidas por chicas enfermas, anoréxicas, en su mayoría, o bien bulímicas con un desesperado deseo de adelgazar y lograr una apariencia anoréxica. Esa misma comunidad gestiona foros, chats en directo, y forman en su mayoría parte de un anillo de webs, es decir, están en relación entre ellas y redirigen a los internautas a otras con intereses similares.

Puede decirse que funcionan como los foros de recuperación, con los mismos mecanismos de identificación, apoyo, trato personal y testimonios privados, pero con el objetivo opuesto: para ellas resulta esencial continuar enfermas.

Los expertos en este tipo de trastornos coinciden en alertar del peligro de estas páginas, y de la increíble afluencia de visitantes que tienen cada día: la mayor parte de ellas sufrían con anterioridad enfermedades relacionadas con la alimentación. Los datos que se esgrimían en el verano de 2000 en Estados Unidos, cuando se inició la polémica sobre estas páginas, hablaban de siete millones y medio de mujeres afectadas, y de un millón de hombres, en su mayoría adolescentes o enfermos desde la adolescencia. La tasa de mortalidad rayaba en el 6 %. Hablamos de más de quinientas mil personas muertas, sea por las consecuencias de la restricción alimenticia, a resultas de los atracones, fallos cardíacos o suicidio. La simple idea de que estas páginas pueden incrementar o mantener este número obligaría a adoptar medidas inmediatas... que nadie ha tomado.

Muchas de ellas cambian de dirección cada pocas semanas, y son imposibles de encontrar si no se forma parte del circuito. Otras se enmascaran bajo frases relacionadas con «Ana». Ése es el nombre en clave de la anorexia, y en la mayor parte de las páginas se encuentran elogios, poemas y declaraciones de amor a Ana. Para tener acceso a otras, es preciso pasar un examen y hacer una declaración de intenciones. En algunos casos se puede ver la página web pero no entrar en contacto con el grupo que la sostiene o la muchacha que la actualiza.

El contenido de las webs incluye fotografías de cuerpos anoréxicos, o de modelos y actrices extremadamente delgadas: Esther Cañadas y Britney Spears son dos de las favoritas, después de la indiscutible ídolo, Kate Moss. Añaden frases sobre las que meditar, o «Thinspiration», recetas sin calorías, trucos para ocultar el adelgazamiento o para acelerarlo, listas de alimentos prohibidos o permitidos, y, por lo general, la historia personal de la chica que es, o desea ser, anoréxica.

La reacción internacional ha sido de estupor y de morbosa curiosidad. No en vano, las entrevistas a chicas anoréxicas han mostrado siempre una tendencia a ahondar en los aspectos más evidentes de la enfermedad: kilos perdidos, ritos siniestros, pensamientos incomprensibles, percepción de la realidad alterada... Las fotografías y los manifiestos de estas páginas justifican el miedo y la alarma, y de esa manera brutal, con el descubrimiento de esa tendencia cada vez más generalizada, deberían hacer reflexionar sobre el tipo de educación que damos a las niñas, sobre la sociedad que encuentran.

Pocas de estas páginas son originales: las chicas copian frases, fotos, mandamientos similares a los que he empleado como encabezamientos, cuanto más radicales mejor. Homogeneizan criterios para darse más fuerza y ser conscientes de pertenecer a una comunidad. Incluso las historias que se revelan en la sección dedicada a la autora no varían demasiado:

> Me llamo Lauren, tengo dieciséis años, mido 1,70 m, peso 47 kilos. Mi ideal sería llegar a los 43, que era lo que pesaba cuando me internaron. Inicié la anorexia hace cuatro años, cuando comencé a salir con John y a tener miedo de que me dejara por cualquiera de las otras chicas del colegio. Todas estaban delgadísimas, de modo que hice dieta.
>
> Perdí mucho peso, porque me alimentaba básicamente de Coca-Cola y zanahorias, y mis padres se comenzaron a preocupar. Yo fui tan estúpida que admití estar a dieta, y me llevaron a una terapia. Gané algo de peso, pero todo el mundo a mi alrededor (amigos, padres, profesores...) estaban tan preocupados que a la mínima me mandaban a casa a reposar y a comer. Mis padres trabajan, de modo que podía dedicarme a mi dieta y al ordenador. Adoraba estar sola en casa. De modo que adelgacé de nuevo y me mandaron al hospital.
>
> Este año he comenzado a faltar a clase, porque me aburro, y de todos modos, mis notas son buenas. Pero entre eso, la anorexia, los ingresos en el hospital y las broncas en casa, casi no puedo ni respirar sin que mis padres estén encima. Ahora he iniciado una terapia en un hospital de día, pero ¡se pasan el día haciéndome comer! Y no hacemos nada, nada más que dibujos y relajación. No me quejo, me encanta dibujar, y colorear, pero

estamos controladas todo el tiempo. Al menos, sólo es un mes, y además, cada noche vomito lo que nos han dado de cena, de modo que estoy logrando mantener mi peso.

Los últimos cuatro años han sido una pesadilla, y daría lo que fuera por volver a ser normal y feliz; pero, siendo sincera, eso no va a ocurrir. ¿Podría mejorar? Seguro. ¿Mejoraré? Qué va. De modo que no pienso dejar mi ayuno, que es lo único que me hace sentir bien.

O sea que adelante, escribidme los emailes más desagradables que se os ocurran. No será la primera vez, ni la última. Pero antes de hacerlo, intentad imaginar cómo me siento. ¿Van a cambiar las cosas porque me llaméis loca, o idiota? Si leéis esto y comprendéis de qué hablo, escribidme. A veces compartir las cosas con alguien es bastante, por lo menos para mí. Mucha suerte a las que estáis en recuperación. Me gustaría ser tan valiente como vosotras.

Pero pese a esta vida centrada en la anorexia, esta chica es una niña preciosa, sin apariencia de anoréxica, con grandes ojos azules, con otros intereses. Como personificación del diablo de la manipulación y la anorexia no era creíble. Sin su enfermedad, quién sabe qué logros estaba destinada a conseguir. Con ella, está logrando sobrevivir.

Resulta demasiado sencillo erigirse en jueces de estas chicas: si bien lo que hacen es censurable (potenciar los trastornos alimenticios y ayudarse entre ellas a continuar enfermas y mentir a quienes intentan ayudarles), son niñas con el entendimiento nublado. Quizás el siguiente paso sea admitir su enfermedad. Quizá sea morir de ella. Es posible que inciten a muchachas con un grado leve de anorexia a caer en compulsiones y agravar su estado; resulta menos probable que sus imágenes y principios afecten a niñas sanas, que sencillamente se sentirán asqueadas ante ellos.

Estas chicas han convertido la anorexia en una religión, en un estilo de vida; erróneamente piensan que la enfermedad es una opción, que han elegido un trastorno, y que pueden controlarlo, como controlan los alimentos que comen, o el ejercicio que hacen: están enfermas, pero son mucho más que su enfermedad. En sus ratos libres tienen mascotas, cuidan de sus hermanos, dibujan, leen, estudian hasta caer rendidas. Algunas son muy inteligentes y creativas, otras trabajan tanto que pasan por serlo. Se enfadan y mienten, y también se sienten culpables y asustadas por ello. Se odian por comer, y se odian cuando no comen. La mayor parte de ellas sufren de depresión, han estado internadas por intentos de suicidio, por automutilación, por un diagnóstico equivocado. Sufren de neurosis o de ataques agudos de ansiedad, y no son capaces de reconocerlo o de descubrirlo. Negarlo es parte de su enfermedad. La soledad lo es también.

Su ansia de aceptación, por lo tanto, les lleva a exhibirse e intentar demostrar que están en lo cierto. Buscan amor y comprensión en sus semejantes, en los bichos raros que siguen su mismo comportamiento, porque el único modo de aceptarse a ellas mismas radica en pesarse y descubrir que han adelgazado, en controlar la comida y hacer ejercicio hasta caer rendidas. Creen que por padecer la misma enfermedad, la comprensión de sus compañeras es inmediata, sin reparar en que compartir una obsesión común no es comprender. Temen a los que se encuentran fuera de su círculo, a los que juzgan y examinan, profesores, padres, hermanos mayores, terapeutas... con ellos mienten y disimulan. Fingen. Con sus amigas, y en ese confesor ciego que es la pantalla hablan con increíble sinceridad.

En sus páginas o foros nadie les dice continuamente que están equivocadas, o locas. Se enfrentan a demasiada confusión como para atender a quienes les ruegan que coman, que sean alegres, sanas, que sean como otras chicas. Si lograran romper ese círculo, o si los que están fuera (padres y profesores, médicos y terapeutas) lograran acercarse a ellas, posiblemente no precisaran de esos clubes exclusivos. Por más que griten que han elegido ser así, son niñas enfermas. La enfermedad se ceba en ellas y ya han de luchar con suficientes elementos como para ser además culpadas de ser seres malignos y crueles. Si algo ha de ser erradicado, y fuertemente censurado, que lo sean las páginas y no las personas. La exclusión y la condena, en este caso, servirán de bien poco.

Las reacciones, una vez más, han de dirigirse hacia el sistema de Internet, que tolera este tipo de comportamientos, contra la industria dietética, contra las imágenes proyectadas por la publicidad y la moda, contra la desestructuración familiar y la incorporación de hábitos alimenticios erráticos; contra los sistemas educativos que incentivan la competencia a toda costa, y los mensajes dirigidos a las chicas con la intención de cosificarlas y reducirlas a un cuerpo y una apariencia.

Una de estas páginas se abre con la siguiente advertencia... ¿o quizá bienvenida?

> Esta página está pensada para apoyar a las personas con cualquier tipo de trastorno alimenticio. No es un espacio para hablar de esperanza ni de recuperación, sino para aquellos que lleven una vida obsesionada con la comida.
>
> La anorexia no es una dieta. La bulimia no es una dieta. Son un estilo de vida, una filosofía, y pueden convertirse en una religión. Son enfermedades muy dañinas y que pueden poner en

peligro tu vida. Si no sufres estos trastornos, disfruta de la vida. Eres afortunada. Si buscas una dieta, o eres de las que se preocupan por cómo les quedará el bikini, o quieres perder unos kilos, vete de aquí. No entres. Acude a un dietista, o limítate a comer sano y en porciones sensatas, y date un par de paseos al día.

Pero si tus relaciones con tu cuerpo y la comida hace mucho tiempo que dejaron de ser normales, si tu peso ya no importa porque nunca es el correcto, si te sientes sola y asustada, si odias tu imagen en el espejo, si no puedes dejarlo, entra, habla conmigo. Yo no te juzgaré, ni te obligaré a dejar algo a lo que yo misma no puedo renunciar.

Ahora, pulsa aquí y entra.

El orgullo recorre cada una de estas palabras. Su mensaje es excluyente para los sanos, para los que no se toman la vida en serio y desean disfrutar sin consecuencias. Pero los enfermos, los obsesionados, los que sufren, ésos son amorosamente aceptados, y las palabras finales «Ahora, entra» brillan, tentadoras, como la puerta a la comprensión. No sólo no es malo estar enferma, parece decir, sino que de esa manera formas parte de un club selecto y exclusivo.

Estos textos no varían demasiado de una página a otra, ni tampoco sus conclusiones o sus declaraciones de intenciones. Continuamente se apoyan entre ellas, y se pasan información: aparte de los foros en los que hablan, distribuyen mensajes y consejos mediante listas de correo, y se adoctrinan en la difícil tarea de resistir en su política de ayuno.

Para ellas no existen términos medios. Las razones y las frases que esgrimen se basan en las leyes de *todo o nada,* fracaso o triunfo, que la propia sociedad confirma. Sirva de ejemplo este compendio de leyes generales que puede encontrarse en muchas de las páginas pro Ana.

RAZONES PARA ESTAR DELGADA

1. Cuando estás delgada, la gente deduce que eres una triunfadora.
2. Resulta muy atractivo estar delgada, y te da ventaja sobre los demás.
3. Demuestra disciplina y control, y tu comida favorita (cualquier comida, la verdad) siempre se termina demasiado pronto.
4. La gente siente más respeto por los delgados. ¿Has oído alguna vez que alguien no consiguiera un trabajo por estar demasiado delgado?
5. La gente delgada parece más inteligente. Asociamos la grasa con la pereza, la lentitud, la idiotez.
6. La gente delgada recibe más atención, y caen más simpáticos.
7. Si estás delgada puedes vestir cualquier trapo y te quedará bien.
8. ¿Cuántas veces has visto a un chico realmente guapo con una novia gorda?
9. La vida es mucho más divertida cuando eres anoréxica que cuando eres gorda. Y, chicas, el verano se acerca...

Por desgracia, nadie ha demostrado que en estas últimas razones las anoréxicas yerren. Estas ideas, declaradas o no, se asumen sin pensar, y no son sino mensajes enviados por la sociedad. Por una vez en la vida, no están exagerando, sino haciéndose eco de lo que cualquier artículo en revistas femeninas, cualquier anuncio televisivo, cualquier publicidad impresa insinúa y confirma.

No resulta sencillo acceder a las listas de distribución o a los archivos que manejan estas muchachas. No al menos a las más interesantes y exclusivas. Como en los *colleges* ingleses, la página a la que una pertenezca condiciona y obliga a la anoréxica: ha de defenderla y, si es preciso, atacar con armas de *hacker* otras webs.

Cuando solicité entrar en una de ellas hube de pasar tres rigurosos exámenes, en los que se me sometía a un auténtico análisis psicológico para deducir si realmente deseaba ser anoréxica y poseía el perfil de perfeccionismo que exigían. Hube de echar mano de todos mis conocimientos sobre trastornos psicológicos y de una buena sarta de mentiras para convencerlas de que deseaba perder doce kilos y vivir según las leyes del hambre perpetua.

Solicitaron mi fotografía, porque no se permite la entrada a las webs más exclusivas si no se es guapa y razonablemente delgada de entrada, y dieron mil vueltas a la cuestión del idioma. Por un lado, les halagaba que una europea las hubiera descubierto y se viera seducida por ellas. Por otro, deseaban mantener sus principios *wasp* puros. Hube de enviarles uno de mis antiguos trabajos de la universidad sobre Sylvia Plath, una autora a la que adoraban, para convencerlas de mis conocimientos de inglés.

Una vez que logré su aceptación y que mi correo electrónico comenzó a poblarse con sus invitaciones para charlar en la red y para facilitarme fotos de modelos emaciadas, la frialdad se convirtió en cercanía, y no volvieron a exigirme una sola muestra de apoyo. Ya era una de ellas.

Cuando me despedí del foro y les revelé mi intención de escribir un libro sobre trastornos alimenticios sólo me pidieron una cosa: «Sé justa con nosotras». Para ellas la justicia es la aceptación sin dudas de sus principios, algo que no puede ser. Comprendí mucho mejor su mentalidad y su forma de ver la vida, pero no pude ayudar a ninguna de ellas. Esa misión excedía mi buena voluntad y mis conocimientos.

Sus testimonios me rompían el corazón. La mayor parte de las chicas no pasan de los veinte años, y han estado enfermas desde el inicio de la adolescencia. Hablan de sus síntomas sin pudor, pero nunca de sus sentimientos: lo único que podemos deducir es una cierta arrogancia, una negación a reconocer el problema y su responsabilidad en él. Describen sus recaídas y sus mentiras y engaños, y buscan cómplices. Bajo su actitud despreocupada *(júzgame si quieres, no me importa, nada me importa)* se oculta malamente una soledad muy antigua y una necesidad de cariño que no ha sido saciada nunca.

Existe una profunda preocupación en ellas por el mundo religioso o, más bien, por los accesos místicos. La mayor parte de sus leyes adoptan la forma de oraciones, sean credos, mandamientos o promesas, y algunas de ellas han hecho voto de virginidad, bien sea hasta lograr un peso determinado o perpetuo.

Casi todas proceden de familias sin un interés o una profesión religiosa, y en la adolescencia han tomado distintos elementos sacros para acabar dándoles la forma que desean. Algunas adoran a Cristo en la cruz, habitualmente tan delgado, demacrado, de rubios cabellos largos, con el costado y la frente heridas, sacrificándose por una fuerza superior. Otras buscan en santos y mártires figuras con las que identificarse. Se trata más de un culto estético que de una auténtica demostración religiosa.

Gran parte de las chicas combinan esa devoción superficial con la fascinación por la brujería, o por las creencias seudoceltas o Wicca. Esta última tendencia era la preferida por los miembros de mi página web, y la introductora de la moda la describía así:

Yo creo en que el principio divino es masculino y femenino, y sigo una antiquísima religión que adora y respeta la naturaleza, llamada Wicca. Es la religión más antigua que se conoce, y se basa en el respeto a todas las formas de vida. Data desde los tiempos en los que el ser humano era cazador y nómada, cuando no sabían nada del paso de las estaciones ni del concepto del tiempo. Veneraban a las mujeres por su capacidad de transmitir la vida y las consideraban más cercanas a la naturaleza.

El principal mandamiento de Wicca es: No causes daño a nadie y haz lo que desees.

No hay más leyes que seguir. No tememos a la muerte, porque es parte natural del proceso, y aunque no la entendamos es bella y necesaria. Hay una parte malinterpretada respecto a Wicca: el uso de la magia y los rituales. No hay que tenerle miedo a la magia. En realidad, no es más que rezar y observar: las cosas ocurren de manera que no entiendo, pero me demuestran que existe un poder superior en el universo. Y aparte de comprobarla, puedo ejercerla: enciendo una vela, inicio un ritual para crear un momento especial. Medito, pido cosas o las agradezco. Las mujeres que practicamos Wicca somos llamadas *witches* (brujas), pero ni pienses en la peor acepción de la palabra. Y sí, hubo un tiempo en que fuimos quemadas. La gente habla del holocausto judío, pero pasa por alto nuestro particular holocausto.

Todas las religiones nos deben algo: al ser la más antigua, Wicca las entiende e incluye a todas. Los católicos, por ejemplo, adoptaron la mayoría de sus fiestas e incluso el ritual de la misa de Wicca. Todo es amor, todo es la diosa y el dios.

Si deseas saber más de nosotras, estaré encantada de ayudarte: somos muchas. Y que la diosa te bendiga.

Aparte de mostrar un desconocimiento de la historia de las religiones que raya en lo risible, esta chica apuntaba algunos temas interesantes: por un lado, reivindicaba la importancia de la mujer, y la necesidad de reconocimiento, constante en todas las enfermas, que consideran el mundo como un lugar machista que no les deja espacio. Denuncia también la intolerancia de las religiones tradicionales respecto al papel de la mujer, que no puede acceder a un puesto de mínima importancia. Aquí ellas son las sacerdotisas.

Se identifican con los oprimidos, incluso de manera exagerada: creen haber sufrido en nombre de otras mujeres sacrificadas, y oponen ese sacrificio a otro internacionalmente reconocido, como fueron las matanzas de judíos. Y tratan de encontrar raíces comunes con otras referencias fácilmente reconocibles, como la Iglesia católica.

Su necesidad espiritual no pasa de esa superficie, y por lo general tampoco se siente satisfecha con ella. Nunca han recibido una formación en valores, mucho menos en valores espirituales, y esa hambre viene a unirse a las restantes.

Algunas no llevan tan allá esa tendencia, y se limitan a copiar las estructuras convencionales, como las autoras de las citas que abren los capítulos de la historia de Gloria.

Otros consejos que pueden encontrarse en estas páginas son eminentemente prácticos, y se refieren a la disminución del peso o a la anulación de la señal de hambre. Todo lo que ayude a perder peso es bienvenido, aunque algunos de los medios sean tan descabellados como éstos:

– Beber agua en cantidades exageradas, y siempre helada, de modo que el cuerpo haya de gastar calorías para mantener el calor corporal. Por la misma razón, no usar calefacción o tomar baños o duchas frías. O bien masticar hielo.

– Comer lo más despacio posible, masticar el mayor tiempo posible, cortar la comida en miles de pedacitos.

– Mantener un diario de comidas, incluyendo todas las calorías, hasta las de los chicles sin azúcar que consumen, y planear con toda exactitud la ingesta de cada día. Y, sea como sea, no superar nunca las 900 calorías.

– Tomar vitaminas para evitar que el pelo, las uñas o la piel delaten la dieta. Algunas de ellas se precian de conocimientos naturistas, y recomiendan vigorizantes o diuréticos naturales, como la cola de caballo, el ginseng, té verde, té de rosas, todo tipo de infusiones, y, por supuesto, la cafeína.

– Mover piernas y dedos constantemente, para consumir energía.

– Nunca comer después de las siete de la tarde, y no dormir menos de seis horas al día.

– Hacer tanto ejercicio como sea humanamente posible. Si se sufre de insomnio, aprovechar esas horas. Hacerse una bola, o golpear el estómago si se tiene hambre.

– Comer más verduras que frutas, o hacerse vegetariana. Siempre manejan listas de alimentos que, según ellas, consumen más calorías en su digestión que las que contienen. Los llaman «alimentos seguros», y son casi todas las verduras.

– Mantener el cinturón siempre apretado.

– Beber café o colas sin azúcar. Confían en que la cafeína les hará moverse más, estar despiertas, y atenuar el apetito.

– Comer con moderación las cosas que les gustan. Por moderación entienden dos porciones de chocolate del tamaño de un grano de arroz.

– No guardar los restos para evitar tentaciones. Si es imprescindible, meterlos en recipientes opacos. A cambio, se les permite olfatear los envoltorios de las comidas que les gustan.

– Temer el invierno, la época en la que se tiende a comer más y hacer menos ejercicio. Por eso mismo, intensificar la dieta.

– No emplear sal, ni azúcar, pero sí picante, que inhibe el apetito y les hace creer que eliminan grasas. Lo mismo ocurre con el zumo de limón, de papaya, de apio, de menta, con el vinagre, y la fibra, que animan a consumir en cantidades desorbitadas.

– No tragar, sino masticar y escupir la comida.

– Rondar la cocina continuamente, de modo que la familia crea que han comido. Mentir diciendo que se comió o se comerá en otra parte. Escupir la comida en la servilleta o una taza. Quejarse de dolor de estómago, de alergias alimenticias o de una úlcera. Encontrar trabajos o estudios a la hora de comer. Si los padres sospechan, decirles que les quieren y que no harían nada así, porque les heriría y se perjudicarían a sí mismas.

– Reducir las porciones a un octavo de lo normal.

– Emplear bandas blanqueantes en los dientes, de modo que mientras dura el efecto no pueden comer, o enjuagarse la boca con elixir sin diluir antes de comer, de modo que la comida no sepa bien.

– Rociar la comida ya preparada y a punto de ser consumida con detergente, de modo que quede inutilizada.

– Emplear cualquier método químico, legal o ilegal, saciante o inhibidor del apetito. No dejar de fumar, o comenzar, si no se tiene el hábito. En cambio, prohíben vomitar por el riesgo de ataques al corazón.

También recomiendan comprar un par de libros de cocina y repostería, y mirar las fotografías, convirtiéndolas así en una especie de pornografía alimenticia. Y si sienten deseos de cocinar las recetas, se les pide que calculen las calorías. O masticar durante horas dos trocitos de chocolate *light,* que no sean mayores que los consabidos dos granos de arroz. O sustituir el azúcar del café por medio plátano machacado, que contiene las mismas calorías, y potasio, por si se ven en la necesidad de vomitar.

Otra de las variantes a estas páginas son los diarios interactivos: las chicas inician un diario que cuelgan en páginas especializadas, y que pueden ser consultados por quien lo desee, o quien sea socio de la página. El proceso resulta escalofriante. Ante nuestros ojos, las niñas cuentan, día a día, con apenas seis horas de diferencia horaria, cómo se esfuerzan por continuar con su anorexia, o cómo se entregan a prácticas de ayuno y restricción de alimentos.

Es terrible verlo, conectarse y descubrir que Lisa, o Emma, o Sabrina, han perdido cuatrocientos gramos hoy, y que eso, unido a los que perdieron la semana pasada, les acerca cada vez más a la hospitalización. Y, sobre todo, sobrecoge descubrir que no tienen conciencia de su enfermedad, que se centran en la comida y en su peso, que no hablan con sus padres, que únicamente piden ayuda mediante una página web que no permite localizarlas ni ayudarlas.

El de Sylvia comenzó el 14 de enero de 2002, y sus entradas son diarias:

> [...] Muy bien, vayan por delante unas cuantas cosas sobre mí: me llamo Sylvia, tengo dieciséis años y quiero ser diseñadora de moda. Soy rubia, y tengo los ojos azules. He sido admitida para ser animadora el curso que viene, y también en el equipo de balonvolea. Tengo tres agujeros en cada oreja, y uno en la nariz que me hice el verano pasado. También tengo un *piercing* en el ombligo (mis padres todavía no lo saben). Cuando cumpla los dieciocho pienso hacerme uno en la lengua.
>
> No tengo novio, me encanta leer y escribir mi diario, hablar por el móvil, todo lo que tiene que ver con ordenadores y recibir emailes, como cualquier otra chica de mi edad, salvo por un dato: tengo problemas con la comida. Pero no me han diagnosticado anorexia, de modo que no puedo decir que sea anoréxica.
>
> De todos modos, sí que tengo comportamientos anoréxicos: ahora mismo mido uno setenta y cinco, peso (qué vergüenza),

71 kilos 400 gramos, y tengo una talla cuarenta. Pero que conste que he adelgazado. Antes de ser anoréxica (o lo que sea), pesaba 82,7 kilos, y vestía la 44. Perdí siete kilos durante los ocho días de mi primer ayuno total, pero de todos modos no conseguí el objetivo que me había fijado para navidades. En fin, no pasa nada. Desde hoy comienzo un programa intensivo de dieta, ayuno y ejercicio. Quiero llegar a los 56 kilos.

Tengo un gato, un macho precioso, de cuatro meses, que se llama *Timmy*. Es mi mejor amigo, desde que rompí con mi amiga Sharon. Ahora ya no creo en eso de «La mejor amiga». Hago amigos muy rápidamente, el problema es conservarlos. Me gusta la gente un poco loca, y que sean alegres y habladores. Yo soy bastante callada, y ya tengo bastante con lo mío.

Mi cantante preferida es Britney Spears, pero no pude ir a verla por segunda vez estas navidades porque las entradas se agotaron antes de que mis padres me dieran el dinero. Mi serie preferida de televisión es *Friends.*

Mis padres me han prometido que me quitarán las cicatrices que tengo mediante cirugía si dejo de cortarme durante un año (como si fuera a cumplirlo). He estado tres veces en urgencias por cortarme, pero nunca lo han incluido en mi historial. Una de las veces tuve que llevar un vendaje tan aparatoso que tuve que inventar que me había cortado con un jarrón. De eso hace año y medio, y todavía tengo la cicatriz [...].

No conozco la existencia de ninguna página web pro anorexia en el ámbito español, o ni siquiera en este idioma. Ojalá en esta ocasión seamos capaces de escarmentar en cabeza ajena e impidamos que este fenómeno se dé entre nuestras adolescentes.

Conclusión

Modelos para vivir

Si algo aprendí de mi incursión en las páginas pro anorexia es la importancia que las figuras femeninas célebres tienen para estas jovencitas. Eran extraordinariamente sensibles a los cuerpos que se les presentaban, y recogían con fruición cualquier imagen de actriz o modelo que reuniera delgadez y belleza.

No basta con tratar los síntomas, no basta con curar a las enfermas: es necesario proponer nuevos modelos de mujer que se aparten de los que hasta ahora se han ofrecido. Es necesario que convivan nuevos perfiles femeninos, nuevos conceptos de belleza no excluyentes, y que se relaje la presión que se ejerce sobre las que hasta ahora son consideradas gurús de la moda y el estilo.

El número de celebridades que han reconocido o de las que se sabe que han padecido trastornos alimenticios es interminable. Desde Oprah Winfrey, que ha hablado más de una vez en su famoso programa de sus luchas con el peso y la comida, a Elton John, que sufrió bulimia durante años. Algunos ya han muerto, como Alfred Hitchcock, comedor compulsivo, o Diana de Gales, bulímica, Muriel Hemingway, bulímica, o la gimnasta Christy Heinrich, cuya anorexia pudo con ella. La lista continúa: la escritora Sylvia Plath, con trastornos alimenticios, la hija de Sigmund Freud, Anna, anoréxica...

Han padecido anorexia Tracey Gold *(Los problemas crecen)*, la princesa Victoria de Suecia, Victoria Adams (la Spice Girl pija), Dolores O'Riordan (The Cranberries), Nancy Reagan, Billy Bob Thornton. Los problemas de drogas de Whitney Houston, Joddie Kid y Kate Moss parecen haber estado íntimamente relacionados con la anorexia. Los trastornos y el bajísimo peso de la gimnasta Nadia Comaneci, de Alanis Morrisette, de Geri Halliwell fueron debidos a la combinación de bulimia y anorexia. Algo similar puede decirse de Paula Abdul, de Janet Jackson, de Sarah Ferguson, de Brandi, de Courtney Thorne-Smith, que trabajó en *Melrose Place* y *Ally McBeal*, curiosamente un semillero de trastornos alimenticios: también Calista Flockhart y Porcia de Rossi han sido sospechosas de sufrir anorexia. Incluso mujeres de las que poco cabría sospechar problemas de imagen, como Sally Field o Jane Fonda, padecieron esos problemas en su juventud.

El caso de Calista Flockhart resulta especialmente curioso: durante varios meses la prensa parecía obsesionada con mostrar las fotografías que revelaban el aspecto más emaciado de la actriz. Ella negaba padecer anorexia. Siempre había sido delgada, se defendía, siempre había hecho ejercicio. Las imágenes muestran que en la segunda temporada de su serie *Ally McBeal* perdió mucho peso.

No resulta sensato presionar a nadie para que reconozca un trastorno alimenticio: en todo caso, debe ser un acto voluntario. Ni padecer alcoholismo, ni sufrir anorexia, ni formar parte de ninguna minoría racial, una tendencia sexual o una forma de vida da derecho a avasallar la intimidad de una persona: no puede exigirse a nadie, por famoso que sea, que se convierta en el abanderado de una causa. El respeto a la privacidad, tan difuso en estos momentos, debería concretarse y exigirse en casos como éstos.

Si Calista Flockhart era anoréxica, estaba en su derecho al intentar enfrentarse a ello en privado. En cualquier caso, la atención intensiva que recibió no le hubiera beneficiado en absoluto. Si no padecía anorexia, se la obligó a defenderse como si se tratara de algo vergonzoso. Una vez más, los cuerpos femeninos no gozan de respeto, son analizados, sopesados y juzgados sin piedad, en público. Esa actitud es una de las muchas que favorecen los trastornos alimenticios, y ha de cambiar si aspiramos a una sociedad más justa, y más sana.

A decir verdad, resultaban mucho más vergonzosos los presupuestos del argumento central de la serie: una chica aparentemente independiente y profesional, pero con una apariencia y un comportamiento infantil. Ally McBeal no queda en la memoria como una mujer digna y una abogada de mérito, pese a sus dificultades, sino como una muchachita histérica y obsesionada por el paso del tiempo, sus relaciones amorosas pasadas y presentes, y por el deseo de tener un hijo que, casualmente, es abogada. Si, como la publicidad presentaba, Ally McBeal es el retrato de la mujer contemporánea, poco se ha conseguido en la lucha por la igualdad y la independencia. Si, por el contrario, se la propone como ejemplo para las mujeres jóvenes contemporáneas, la sugerencia es simplemente inaceptable.

Mientras los únicos modelos que se les presenten a las niñas sean cuerpos, mientras no se valore a la mujer globalmente y no se considere positivamente otro valor aparte de la belleza, mientras no se abandone la imagen femenina como reclamo para vender objetos, mientras las mujeres feas o niñas o viejas resulten invisibles en los medios de comunicación, los esfuerzos por evitar la anorexia y la bulimia tendrán únicamente un éxito parcial. Los expertos repiten que se trata de enfermedades causadas por una multiplicidad de causas. Eliminemos al menos la explotación de la imagen femenina, y observemos hasta qué punto ese factor mejora las cosas.

No resulta tan difícil. El panorama actual está lleno de mujeres ejemplares, muy distintas e igualmente admirables. Incluso entre las profesiones consideradas tradicionalmente frívolas, y que suelen ser las que más influencia ejercen sobre las jóvenes, pueden encontrarse mujeres dignas de elogio e imitación.

Tengo una responsabilidad

En un foro de opinión abierto en Internet se lanzaba muy recientemente una pregunta: ¿Se deberían prohibir en los medios de comunicación los anuncios publicitarios que inciten a conseguir un cuerpo esbelto? ¿Es nuestra sociedad lo suficientemente madura como para optar por distintos patrones estéticos?

Durante varios días las opiniones se sucedieron, casi todas con puntos de vista encontrados. Se hablaba de la libertad de expresión, y de la necesidad suprema de defenderla. Se temía una sobreprotección del Estado: «Esto no son más que modas que vienen de Estados Unidos, donde todo está prohibido». Se negaba la influencia de esos anuncios: «A los hombres les gustan más las mujeres con formas». Se minimizaba la cuestión: «¿Y la frustración que me produce a mí no poder comprarme un Ferrari, qué? Por esa misma regla de tres deberían prohibir los anuncios de coches». Se defendía la libertad del individuo: «Si a mí me apetece dejar de comer para adelgazar nadie me lo puede prohibir, allá yo con mi cuerpo y mi salud». La perspectiva de prohibir despertaba urticarias: «No hay que prohibir, hay que educar... eso de prohibir me parece una expresión demasiado fuerte... prohibir sería inútil...». Un participante abogaba por la creación de algún órgano de protección para defender a los más desprotegidos, pero el resto parecía inclinarse avasalladoramente por la posibilidad de educar.

Aun siendo un sondeo de opinión sin el menor rigor, no deja de ser significativo: refuerza la idea general de la sociedad, que da por perdidas a las enfermas y que dice saber de la necesidad de prevenir, pero sin tomar realmente ninguna medida al respecto.

Obviamente, la publicidad influye. Quienes defienden la idea de una libertad de expresión absoluta, deberían conocer los límites que esta misma libertad implica: una sociedad organizada no debería actuar contra sus miembros más débiles, y no osaría tolerar que éstos resultaran explotados con fines económicos. Deberían asimismo considerar que gran parte de la información e influencia que reciben niños y jóvenes en la actualidad procede de la televisión. Una televisión sin censura puede darse en el caso de que los televidentes sean adultos. Cuando existen menores presentes y afectados es necesario adoptar medidas para protegerlos.

La publicidad impone ideales imposibles con el fin de provocar insatisfacción, y que esa insatisfacción conduzca al consumo.

Para ello emplea todos los medios manipulativos a su alcance. Cuáles de esos métodos pueden ser tolerados y cuáles no depende del consenso social. En España está prohibido emplear insectos vivos en los anuncios de insecticidas, y han de ser sustituidos por imágenes o robots. En Noruega, por ejemplo, la publicidad en la que aparecen niños, o destinada a ellos, está prohibida, bien sean pañales, juguetes o potitos. Una resolución similar en España levantaría ampollas, no porque nadie negara la inmoralidad de dirigirse con propuestas de consumo a los niños, sino por el inmenso mercado potencial que se desperdiciaría.

La publicidad debería evitar la reproducción de situaciones humillantes o que exploten a la mujer como objeto sexual. El principio moral de la dignidad humana y del respeto bastarían para justificar esta medida. La difusión de cuerpos que inciten a la delgadez extrema, a la modificación de los mismos mediante cirugía estética o a medidas irreales debería ser controlada. No hablamos de caprichos estéticos: hablamos de una corriente generalizada de banalización del cuerpo humano, de una tendencia alienadora y tendenciosa de la imagen corporal que está entre los factores causantes de terribles trastornos psicológicos.

Las campañas de prevención deberían, claro está, extenderse mediante el sistema educativo; no basta con cierta información sobre alimentos y nutrición. Es preciso que se propugnen modelos alternativos, tanto físicos como de conducta, con los que los niños y jóvenes puedan identificarse.

La educación en la igualdad no debe limitarse únicamente a la aceptación de diferentes razas o religiones. El aspecto físico, la altura, la miopía, o el peso deben recibir tanta atención y debe transmitirse hacia ellos tanto respeto como hacia cualquier otra característica. Las niñas han de gozar de idénticos deberes y privilegios, y los educadores han de exigir el respeto para ellas como mujeres, y no fomentar la creencia de que sus aficiones y necesidades son idénticas a las de los niños. Poseen un cuerpo distinto, con procesos y crecimiento distinto, y nada de eso debería ser objeto de discriminación o burlas.

Independientemente de su peso, los niños han de ser alentados a similares actividades: gimnasia, baile, natación... Se les debería enseñar, con criterios acordes a su edad, a discriminar la información que reciben, a analizar y criticar la publicidad y las imágenes físicas que les llegan. Al fin y al cabo, una educación completa hace que la persona se valore a sí misma en referencia a valores como la cultura, el respeto, los conocimientos, la lealtad... no por criterios físicos.

La información veraz sobre los trastornos alimenticios y los riesgos que conllevan resulta imprescindible.

Finalmente, los alumnos deberían recibir una educación que tuviera en cuenta los llamados valores femeninos y aprendiera a respetar la sensibilidad, la diferencia y la colaboración. Un descenso de la competitividad se reflejaría en escolares menos tensos y menos propensos a las obsesiones y la depresión.

Por supuesto, nada puede sustituir el papel de la familia: de ellos depende que los niños desarrollen su relación con la comida de una manera sana y coherente. Deberían sustraerse de los requisitos sociales de imagen y aspecto físico, especialmente en el caso de las niñas, y defender la inutilidad a largo plazo de las dietas. La autoestima y la seguridad de los hijos sólo pueden crecer si encuentran apoyo en el seno familiar: y el contacto directo con los padres, que controlen la influencia de la televisión, las falsas imágenes y las exigencias del entorno les protegerá de males mayores.

Por otro lado, conviene tener en cuenta que existe un importante grupo de enfermas en recuperación que precisan de apoyo, respeto y medios para tratar sus dolencias. Y que únicamente mediante el cambio de determinadas estructuras podrán incorporarse de nuevo a la vida útil.

Una parte de esas enfermas no se recuperará nunca. No pueden ser abandonadas: algunas de ellas podrán llevar una vida relativamente normal, otras tendrán que descartar esa posibilidad porque la enfermedad les afectó a una edad tan temprana que tuvieron que abandonar los estudios y no están capacitadas para trabajar. Estas mujeres han de recibir la atención adecuada, bien sea en asociaciones o en centros especializados, de modo que su calidad de vida no sea ruinosa.

Pienso en las mujeres que han pasado por estas páginas, y las que han quedado fuera pero han compartido conmigo sus experiencias. Pienso en cómo hubieran afrontado la vida de ser las circunstancias distintas, de haberse recuperado más pronto, de haberse detectado antes su enfermedad. Pienso en las absurdas demandas ante las que cedemos las mujeres y en la estupidez de una moda demasiado cambiante y voluble, pero nunca más importante que la vida, y me siento rabiosa, estafada, tratada con injusticia y desprecio.

Pienso en qué se puede conseguir con las palabras, y por lo general no soy muy optimista. Otras veces sí, otras veces reúno la fuerza necesaria para pensar que es posible alterar las costumbres y las creencias, y que la salud y la felicidad de tantas niñas desconcertadas, de tantos chicos perdidos, merecen la pena cualquier esfuerzo.

Todos nuestros esfuerzos.

Dónde pedir ayuda

Andalucía

AASACAB Almería 950 23 55 00
ADANER Córdoba 957 76 47 07
ADANER Granada.......................... 958 52 35 23
ADANER Huelva.......................... 959 24 67 56
ADANER Jaén.......................... 953 26 41 36
ADANER Málaga.......................... 952 23 86 67
ADANER Sevilla.......................... 954 63 64 01
Hospital Provincial (Almería).................. 950 24 14 55
Hospital Reina Sofía (Córdoba) 957 28 33 12
Hosp. Gral. Juan Ramón Jiménez (Huelva) 959 20 21 97
Hosp. Vázquez Díaz (Huelva)................ 959 28 26 11
Hosp. Virgen de la Macarena (Sevilla) 955 00 80 00
Hosp. Militar (Sevilla) 954 62 21 11

Aragón

ARBADA 976 38 95 75
Hosp. Clínico Universitario (Zaragoza)......... 976 55 64 00
Hosp. Miguel Servet (Zaragoza)............... 976 76 55 73
Hosp. Royo Villanova (Zaragoza) 976 46 69 10

Asturias

ACBANER.......................... 985 27 73 95
Hosp. Gral. Asturias (Oviedo)............... 985 10 80 00

Baleares

ACABB Mallorca 971 71 33 11
ASAB Menorca 971 36 48 97
Hosp. Son Dureta (Palma de Mallorca) 971 17 50 00

Canarias

ALABENTE 922 64 12 06
AS. GULL LASSEGE 928 24 23 45
Hosp. Universitario de Canarias
(Sta. Cruz de Tenerife) 922 67 80 00
Hosp. Doctor Negrín (Las Palmas) 928 45 00 00
Hosp. Insular (Las Palmas) 928 44 42 91
Centro de Salud Sta. Cruz de Tenerife 922 23 53 62

Cantabria

ADANER Cantabria 942 23 14 43

Castilla y León

ADEFAB Burgos 607 95 08 46
ASTRA Salamanca 923 26 52 46
CETRAS Valladolid 983 31 03 17
Hosp. Divino Vallés (Burgos) 947 23 50 11
Hosp. Clínico Universitario (Valladolid) 983 42 00 01
Hosp. Gral. Yagüe (Burgos) 947 28 18 10
Hosp. de León (León) 987 21 13 11

Castilla-La Mancha

ADANER Albacete 967 24 74 31
ADANER Toledo 607 18 51 85
ADANER Guadalajara 949 22 37 36
Hosp. Virgen de la Luz (Cuenca) 969 17 99 00
Hosp. El Carmen (Ciudad Real) 926 22 50 00

Cataluña

ACAB 920 11 69 86
Hosp. Clínico (Barcelona) 93 227 56 65
Hosp. S. Joan de Déu (Barcelona) 93 280 40 00
Hosp. Bellvitge (L'Hospitalet) 93 260 79 22
Hosp. Can Ruti (Badalona) 93 497 88 14
Hosp. Sant Pau (Barcelona) 93 291 94 70
Hosp. Valle de Hebrón (Barcelona) 93 274 60 00
Mutua de Terrassa 93 736 50 50
Hosp. de Santa Caterina (Girona) 972 20 14 50
Hosp. Joan XXIII (Tarragona) 977 29 58 00
Hosp. de Santa María (Lleida) 973 72 72 19

Extremadura

ADETAEX Cáceres 927 21 07 50
ADETAEX Badajoz 679 32 25 93
Hosp. Regional Infanta Cristina (Badajoz) 924 21 81 00
Hosp. S. Pedro de Alcántara (Cáceres) 927 25 62 00
Hosp. Ntra. Sra. de la Montaña (Cáceres) 927 25 68 00

Galicia

ABAG La Coruña 981 22 37 92
ABAP Vigo 986 43 65 41
ADANER Galicia 981 26 45 77
Hospital de Conxo (Santiago de Compostela) 981 95 15 00
Hosp. Parque del Rebullón (Vigo) 987 22 17 01

La Rioja

ACAB Rioja 941 23 23 43

Madrid

ADANER 91 577 02 61
ADANER Alcalá de Henares 91 880 69 75
ANMAB Alcobendas 606 84 91 88

ANTARES Móstoles	91 614 10 68
Hosp. Ramón y Cajal	91 336 80 00
Hosp. La Paz	91 358 26 00
Hosp. Univ. Getafe	91 503 59 00
Hosp. Niño Jesús	91 574 60 00

Murcia

ADANER	968 21 32 33
Hosp. Univer. Virgen Arrixaca	968 36 95 00
Hosp. Cruz Roja	968 21 26 61

Navarra

ABAN	948 26 21 63
Hosp. Univ. Navarra (Pamplona)	948 25 59 00

País Vasco

ACABE Álava	945 24 25 78
ACABE Vizcaya	944 75 66 42
ADANER Vizcaya	944 63 06 05
ACABE Guipúzcoa	943 48 26 09
Hosp. de Cruces (Baracaldo)	944 90 31 00
Hosp. de Galdácano	944 54 15 57
Hosp. de Santiago Apóstol (Vitoria)	945 00 76 00

Valencia

AVALCAB Valencia	96 346 21 20
ACABA Alicante	96 525 94 60
Hosp. Univ. La Fe (Valencia)	96 386 27 00

Bibliografía

ALBI PARRA, Almudena, *Tu cuerpo es tuyo,* Madrid, Aguilar, 1997.

ÁLVAREZ, Nieves, *Yo vencí la anorexia,* Madrid, Temas de Hoy, 2001.

APOSTOLIDES, Marianne, *Vencer la anorexia y la bulimia,* Barcelona, Urano, 1999.

BEAUVOIR, Simone de, *El segundo sexo: Los hechos y los mitos,* Madrid, Cátedra, 1999.

—, *El segundo sexo: La experiencia vivida,* Madrid, Cátedra, 1999.

BERNARD, Michel, *El cuerpo,* Barcelona, Paidós, 1985.

BRUCHON-SHWEITZER, Marilou, *Psicología del cuerpo,* Barcelona, Herder, 1992.

CRISPO, Rosina, FIGUEROA, Eduardo y GUELAR, Diana, *Anorexia y bulimia*, Barcelona, Gedisa, 1998.

DE DIEGO, Estrella, *El andrógino sexuado,* Madrid, Visor, 1992.

FALUDI, Susan, *Reacción: la guerra no declarada contra la mujer moderna,* Barcelona, Anagrama, 1991.

FISHER, Seymour, *Development and Structures of the Body Image,* Hillsdale (New Jersey), Lawrence Erlbaum, 1986.

FREIXAS, Laura (ed.), *Ser mujer,* Madrid, Temas de Hoy, 2000.

FRENCH, Barbara, *La bulimia,* Barcelona, Oniro, 1994.

GÓMEZ, Paloma, *Anorexia nerviosa. La prevención en la familia*, Madrid, Pirámide, 1996.

HATFIELD, E. y SPRECHER, S., *Mirror, Mirror. The Importance of Looks in Everyday Life,* Albany, State of N. Y. Press, 1986.
LADISH, L. C., *Me siento gorda,* Madrid, Edaf, 1993.
LAMBERTH, John, *Psicología social,* Madrid, Pirámide, 1982.
MARTÍNEZ LÓPEZ, Francisco y FERRER DELSO, Ventura, *Anorexia nerviosa*, Madrid, Paraninfo, 2000.
MORANDÉ, Gonzalo, *La anorexia,* Madrid, Temas de Hoy, 1999.
MÜLLER, M., *Crónica de una anorexia,* Barcelona, Juventud, 2001.
PATZER, Gordon L., *The Physical Attractiveness Phenomena,* Nueva York, Plenum Press, 1985.
PEÑA MARÍN, C. y FRABETTI, C., *La mujer en la publicidad,* Madrid, Instituto de la Mujer, Ministerio de Asuntos Sociales, 1990.
OBLIGADO, Clara, *¿Qué me pongo?*, Barcelona, Plaza y Janés, 2000.
OCHOA, E. F. L., *De la anorexia a la bulimia*, Madrid, Aguilar, 1996.
RAICH, Rosa María, *Anorexia y bulimia: trastornos alimenticios*, Madrid, Pirámide, 2001.
SELVINI, Mara y OTROS AUTORES, *Muchachas anoréxicas y bulímicas*, Barcelona, Paidós, 1999.
TANNENHAUS, N., *Anorexia y bulimia,* Barcelona, Plaza y Janés, 1999.
TIERNO, Bernabé, *Adolescentes, las 100 preguntas claves,* Madrid, Temas de Hoy, 1992.
TORO, Josep, *El cuerpo como delito,* Barcelona, Ariel Ciencia, 1999.
TORO, Josep y VILARDELL, Enric, *Anorexia nerviosa*, Barcelona, Martínez Roca, 1987.

Agradecimientos

Este libro ha afectado a varias personas, en mayor o menor medida, y todas ellas me han ayudado en el proceso. Quisiera agradecer a Paula Casado su eficiencia y su nunca suficientemente apreciado sentido del humor para sobrellevar todos los lunes de la vida. A Mila Espido, los desvelos y preocupaciones que se heredan vitaliciamente junto con el cargo de hermana mayor. A Miryam Galaz su asombrosa capacidad para convertir cualquier frivolidad en una pasión, y los problemas en insignificancias sin perder nunca la sonrisa. A Almudena Izarra, el inmenso cariño con que me ha enviado postales, ánimos y alegría, olvidándose de sí misma. A Ángeles Martín, su paciencia y nervios de acero ante mis dudas, su comprensión y sus sabios consejos, que no por tan habituales dejan de ser agradecidos. A Ana Rosa Semprún, su fe en mí y en mis proyectos, y su confianza, pese a mis vaivenes inesperados. A Christopher Owe, que con constancia y cariño me prestó en imágenes lo que yo sólo sé expresar con palabras.

Y, finalmente, a las asociaciones que me han sabido orientar durante la redacción del libro, por la labor de vaciar el mar con una cuchara. A todas las enfermas que me prestaron sus testimonios, y a las que no fueron capaces de hablar, por su sinceridad, su generosidad y su valentía. Y a las que se recuperaron, por compartir experiencias y aportar consejos, por su rabia y su indignación.

Muchas gracias a todos.

Índice

Diseño: Eva Mutter
Fotografía de la sobrecubierta: © Stockbyte

Círculo de Lectores, S. A. (Sociedad Unipersonal)
Travessera de Gràcia, 47-49, 08021 Barcelona
www.circulo.es
1 3 5 7 9 5 0 0 4 8 6 4 2

Licencia editorial para Círculo de Lectores
por cortesía de Santillana Ediciones Generales, S. L.

Depósito legal: B. 2664-2005
Fotocomposición: Anglofort, S. A., Barcelona
Impresión y encuadernación: Printer industria gráfica
N. II, Cuatro caminos s/n, 08620 Sant Vicenç dels Horts
Barcelona, 2005. Impreso en España
ISBN 84-672-1047-8
N.º 44016